轻松、有效教养孩子的亲子智慧书
教你正确的方法，告别费力不讨好

Good Mother
Have Right Way
to Love

王　冰/著

好妈妈要有爱的好方法

中华工商联合出版社

图书在版编目（CIP）数据

好妈妈要有爱的好方法 / 王冰著. -- 北京：中华
工商联合出版社，2016.11
ISBN 978-7-5158-1838-2
Ⅰ.①好… Ⅱ.①王… Ⅲ.①家庭教育 Ⅳ.①G78

中国版本图书馆CIP数据核字（2016）第 263286 号

好妈妈要有爱的好方法

作　　者：王　冰
责任编辑：胡小英　李　健
封面设计：周　源
责任审读：李　征
责任印制：迈致红
出版发行：中华工商联合出版社有限责任公司
印　　刷：三河市宏盛印务有限公司
版　　次：2017年1月第1版
印　　次：2017年1月第1次印刷
开　　本：710mm×1020mm　1/16
字　　数：148千字
印　　张：12.25
书　　号：ISBN 978-7-5158-1838-2
定　　价：35.00元

服务热线：010-58301130
销售热线：010-58302813
地址邮编：北京市西城区西环广场A座
　　　　　19-20层，100044
http://www.chgslcbs.cn
E-mail: cicap1202@sina.com(营销中心)
E-mail: gslzbs@sina.com(总编室)

曾有专家说，培养一个孩子需要24年的时间，这期间包括孩子的童年与少年时代，也包括孩子成年之后的最初阶段。24年，是一个多么漫长的过程，这其中掺杂着的艰辛、喜悦、痛苦、操心和感慨太多太多。

曾经，我以为当母亲是一件很容易的事情，直到自己做了妈妈才发现，做妈妈确实是一件容易的事情，但是要想做一个好妈妈，却并不容易。据说，是不是好妈妈，一道题就能检测出来。假设有一天，你带着孩子买菜回家，孩子在路边看到一只正在晒太阳的猫咪，于是好奇的孩子走过去，并忍不住对你说："妈妈，这只猫猫好可爱！"

此时的你，会怎么说呢？

A.是呀，还真是可爱呢！

B.你作业写完没有？

C.离它远点，有人因为被猫抓伤，得了狂犬病死了。

D.一声不吭，直接拉着孩子回家。

同样一个场景，不同的妈妈做法却不同。选择A的妈妈通常跟孩子的关系很融洽，因为她能够关注孩子，并认可孩子的行为，因而能够令孩子感受到温暖和幸福。选择B的妈妈常常会让孩子感到扫兴和无趣，有时候甚至是反感，因为孩子感受不到妈妈的关注，也无法与妈妈沟通。选择C的妈妈会让孩子感觉到痛苦，因为孩子的情感总是被这样的妈妈漠视和扭曲，整个家庭的氛围也会因为这样的妈妈而倍显压抑。选择D的妈妈会让孩子的内心感觉到失落，因为自己与妈妈的交流总是得不到妈妈的回应，渐渐地，孩子的心就会越来越冷漠，最终对母爱感到绝望。

儿子出生后，我花了很多精力陪伴他成长。起初我是B型的妈妈，总认为为孩子好，就要时时刻刻管着他，不让他的人生出任何差错，这样才是负责的妈妈。但是后来我发现，这样的我并不快乐，孩子也不喜欢。一个孩子不喜欢的妈妈，即便自认为自己正确无比，也不能称为一个好妈妈。

虽然在这条育儿道路上我走得也并不平坦，但是当我看到快乐并健康成长的儿子时，就觉得一切都是值得的。我从一个不了解孩子、不懂得如何与孩子沟通、不知道如何处理与孩子之间的关系、不知道怎样控制自己情绪的新手妈妈，成长为一个能够与孩子一起成长，能够与孩子面对面促膝长谈，能够与孩子一起笑对挫折，能够与孩子和谐相处，能够及时将自己的负面情绪扼杀在摇篮里的成熟妈妈，这其中的辛酸苦辣和幸福快乐，只有真实经历过的妈妈才能够体会得到。

在多年的幼儿教育工作中，我见过许许多多的家长，也见过许许多多的孩子。在这些妈妈中，无一例外地都在为孩子的事情发愁、担忧，一面深深爱着孩子，另一面又被孩子的不听话、不学习等困惑着，她们不知道该怎样去教育孩子，在与孩子相处的过程中，孩子很累，做妈妈的更累。这也让我看清了一个现实，那就是天下没有不爱孩子的妈妈。但爱是解药，也是毒药，用对了爱的方法，我们就能收获一个亲密的、不逆反的孩子，而一旦用错了爱的方法，那等待我们的，将是一场艰苦的修行。

正是认识到了这一点，我想通过我自身的实际经历，以及我从事教育工作多年来所积攒的真实案例，来告诉每一个爱孩子的妈妈，怎样做我们才能用好的方法去爱孩子。这本书既是一本育儿书，也是一本妈妈们的自我修炼手册。教育孩子，是一条单行道，没有任何演习的过程，我们只能在学习中感悟，在摸索中前进。在这条路上，我们首先要将自己修炼好，掌握了爱的好方法，我们才能给孩子一个快乐美好的童年。

CONTENTS

目录

🎀 第一章

读懂孩子，和孩子一起成长

第二章
开启孩子最能接受的沟通方式

第三章
与孩子一起面对挫折

第四章

孩子的学习需要帮助

第五章
良好的亲子关系是家庭教育的前提

第六章
情绪管理：调节好自己情绪，管理好孩子情绪

第一章

读懂孩子，和孩子 一起成长

站在孩子的角度看世界
以己童心呵护孩子童心
做孩子最好的"玩伴"
你的需求未必是孩子的希望
适当放手，孩子才能独立
因材施教，让每个孩子都成为原创
孩子的"自私"不是他的错

站在孩子的角度看世界

　　每个人的童年似乎都有被父母、老师及其他长辈亲友"曲解"的一面，我也是如此。记忆中，处于童年时期的我，自己的意见很少被大人们所关注和接受，他们多以过来人的角度"友善"地指导着我的言行举止以达到"合乎标准"。

　　今天，若不是有过一番甚至几番震撼内心的经历，可能我也必如自己的父母们一样，以自己的角度再次测量、规划着自己孩子的每一言行是否达到我所认为正确的角度和标准。

　　那是几年前的一个深冬的子夜，我随着稀疏的人流从火车上下来走向出口。临到出口的铁门处，听见刺耳的孩童哭闹声从前方传来，在这个安静的冬夜，那声音听起来格外清晰。我同其他乘客好奇地边往出口走边循着声音张望。

长长的水泥长廊上，一个闹情绪的四五岁男孩正不可理喻地趴在地上，又哭又闹，两脚乱踢，两手乱抓。此时，等候接站的零星十几个人连同跑出租的一些司机围在孩子附近，看着孩子旁边那个年轻母亲作何处理。

我也连同下车的几个乘客一样，从出口出来后，就被这样的情形吸引在那里。

这个年轻的母亲没有制止孩子的哭闹，她将挽在右胳膊上的一个休闲挎包放在脚边，先轻轻地弯下腰，紧接着也与孩子一样，一屁股坐在冰凉的水泥地上。哭闹的孩子此时似乎愈演愈烈，没有停下来的意思。母亲转换身体的角度，也全身趴在水泥地上，与孩子的身体平行一致，头部对着孩子的头部。

此时，下车和接站的人都被这个情景所吸引，没人知道母亲到底要做什么，或者，他们是否只是一对乱发神经的母子俩。我裹紧外套，猜测着他们是否是在做行骗之类的把戏。

小男孩从激烈的情绪中抽离出来，抬眼看着妈妈，渐渐地，他们的头紧挨着头，鼻尖触着鼻尖。几分钟后，小男孩一个翻身，从地上爬起，年轻的母亲也跟着站了起来。母亲弯腰拎起包，用手摸了几下孩子的头发，手挽手，一起转身走出了长廊。

我随着人流，跟着这对母子一起往长廊外走，长廊外，孩子挣脱母亲的手，飞快地向广场跑去。远处，一身穿铁路制服的年轻男子正微笑

着等待这个男孩的"猛虎扑食"。

哦，原来，他们不是耍把戏的骗子，那一刻，我顿感羞愧，不仅为自己的小人之心对人家的恶意揣摩，也为自己不能做到从头到尾对孩子不发一句训斥的无声教育所震撼。那一刻，我相信，这个母亲是真正读懂孩子内心的人，能够从孩子的情绪出发寻求共鸣共振，然后进行心灵沟通，这才是最有效的教育和最伟大的爱，它隔离了水泥地的冰冷、冬夜的寒风、言语的斥责和愤怒的体罚。我开始反思自己，在成为母亲后，有多少次可以俯下身来，站在孩子的角度感受孩子的情绪？若很少甚至没有，对于孩子的成长，我到底是在破坏，还是在麻木轮回原生家庭于我的基因复制？

身为孩子的母亲，也身为幼教工作者，那个寒冷的冬夜让我对幼儿教育充满了敬畏。我想，只有读懂孩子，才能伴随、引导孩子成长。之后的生活和教育环节中，同样令我反思的事情也接连发生。

每个周六日，是我组织周训练营的时间，在这个以幼儿园大班和小学一二年级为主的周训练营中，会通过有目地设置主题，设计各种形式，带动孩子积极参与，达成培育目的。

在一次组织口才培训的活动中，营里有个叫王涛的小学一年级的男孩因平常就表现出少有的那份童真，我有意通过他来带动其他小朋友的积极参与。果然，前几期的活动如我所料一直掌控得很好，很多孩子也和王涛一样，逐步摆脱了常规的那种模仿痕迹，越来越能即时即景地脱口表达自己的内心感受了。

　　临近六一儿童节，我准备以《被同伴驱逐的蝙蝠》的故事为素材，让他来表演。没想到，任务刚刚布置下去的那天，王涛的妈妈就打电话给我，说孩子很委屈，因为他从小到大从来没看过蝙蝠到底长什么样子，所以他怎么发挥也不满意。这个电话让我忽然发现自己犯了很大的一个错误，我是在用自己的成人经验来理解故事并要求孩子将我的理解表现出来，但这显然忽视了孩子对事物的理解和经验。

　　于是，我收集整理了一些关于蝙蝠的影音、画册资料，和王涛一起去认识蝙蝠的自身特性。经过这番充足的准备，王涛的六一演出获得了很好的效果，甚至带动了更多社区的孩子来学习口才训练。

　　有了这样的经验，我对自己孩子的关注也有意识地避免去犯同样的错误。孩子在小区的一个绘画机构学习绘画，我对她将河水与天空涂成五颜六色不再焦虑。生活中的很多场景对孩子来说，观察的角度不同，绘画表达的方式也自然不同，孩子会从成人难以想象的多元角度观察这个世界，而这恰恰是我们一贯对孩子愤怒、失望的原因所在。

　　也许，尽管孩子的教育不是给他做一顿可口的饭菜那么简单，但若尝试着了解孩子，站在孩子的立场来看问题，就能给孩子的成长创造条件，减少摩擦和困难。身为妈妈，一定要记得，你的孩子也许完全错了，但他自己却并不会这么认为。不要急于责备他，懂孩子心理的妈妈，首先要做的，是去尝试先读懂他。

以己童心呵护孩子童心

儿子最近迷上了游泳，每到星期天就央求我带他去游泳馆游泳。对于儿子的这一喜好，我是很支持的，因为游泳不仅能强身健体，还能磨炼意志，所以每到星期天，我会尽量抽时间陪儿子去游泳。

一个星期天，我带着儿子照例去游泳。下水没游几圈，我就感觉累了，只好坐在泳池边休息。

"妈妈，你怎么不游了？"儿子发现我不在泳池内，马上折回来询问。

我看着他说："妈妈有些累了，等我休息一会儿，然后再陪你一起游，好吗？"

"一会儿我还要和你比赛呢！"儿子抹了抹脸上的水珠说，"可不能偷懒噢！"说着便游走了。

这时，坐在我旁边的女士也下水游起来。很明显她是一个游泳初学者，身体僵硬，在水中扑腾了半天，也没游出多远，再加上她身体有些胖，整个动作看起来有些滑稽。

看她游得那么费力，我跳到水中，对她说："双手的手指并拢，这样才能划动水。另外，光用手划水还不够，你还要用腿来配合。"说着，我给她做了个示范。

她按照我的建议游了一遍，果然进步不小。她冲我挥挥手说："你真厉害，简简单单几句话就让我掌握了游泳窍门。为了儿子，我一定要学会游泳！"

我好奇地问道："为什么是为了你儿子？"

她一边练习泳姿，一边回答我说："我儿子今年十岁了，为了让他有一个美好的童年，我愿意陪着他干他喜欢做的一切事情。"

我十分佩服这个妈妈，她之所以能够付出极大的耐心陪孩子玩，一方面是出于爱，另一方面也是她童心未泯。我想，等她的儿子长大成人，再回想童年时期妈妈用一颗童心的呵护，那该是多么美妙的一件事情啊！我记得我国著名漫画家丰子恺先生曾在《我与新儿童》一文中说过："我相信一个人的童心切不可失去。大家不失去童心，则家庭、社会、国家、世界一定温暖、和平和幸福。所以我情愿做'老儿童'，让别人去奇怪吧！"

丰子恺先生是这么说的，也是这么做的。为了让孩子尽快入睡，他每天都会为孩子哼唱一些小曲子；为了逗心情不好的孩子高兴，他会

即兴画一些滑稽的画；有时候，他还会和孩子们一起用积木搭高楼，把小板凳摆成一排玩开火车的游戏，甚至有的时候他还会和孩子抢着阅读儿童杂志，和孩子们一起讨论游戏里面的问题，研究里面各种游戏玩法……

对于家长来说，"童心未泯"是爱心的最大流露，它能有效拉近与孩子之间的距离，从而博得孩子的信任和喜爱，最后便能达到教育孩子的目的；而对于孩子来说，童心一旦遭到破坏，就等于是在扼杀他心中的美好以及创造力，他的童年将会一片灰暗。

记得每年离圣诞节越来越近的时候，儿子每天都会翻看日历，然后数着指头为迎接平安夜倒计时。我当然知道儿子是在等圣诞老人送的礼物。从儿子一岁开始，每年的圣诞节，我和先生都会精心为他准备一份礼物。第二天当儿子睁开眼睛时，总能马上看到他心仪已久的礼物，他所表现出的那种快乐和满足融化了我的心。当然他也从未怀疑过这个世界上存在圣诞老人的真实性，他认为圣诞老人是这个世界上最懂他的人。

不过就在几年前圣诞节快要来临的一天，儿子从幼儿园放学回来后，有些闷闷不乐地问我："妈妈，很多同学都跟我说，这个世界上根本就没有圣诞老人。我每年圣诞节收到的礼物都是妈妈提前买好的，是吗？"

儿子的这个问题让我陷入了为难。如果告诉他真相，岂不是破坏他心中向往的美好呢？如果不告诉他，我又该用什么方式来对这个美丽的谎言进行自圆其说呢？思来想去，我决定不论用什么方法一定要让儿子相信这个世界上确实存在圣诞老人。于是，我拿出绘本《极地特快》，让儿子坐到身边，然后一页页地翻看，并坚定地告诉他："只要你相信圣诞老人存在，圣诞老人就一定会准时把礼物送给你的。"

为了更加坚定儿子的想法，我悄悄地让先生下载了电影《极地特快》，并告诉儿子，过一会儿我会拿出最有力的证据来证明圣诞老人是存在的。

晚饭后，我们一家三口开始观看《极地特快》。虽然刚才我和儿子已经讲过了这个绘本，但儿子依然半信半疑。而现在电影精致的画面，动人的故事情节，不仅让儿子深信不疑，就连我和先生也颇有感触。

电影结束后，还没等我询问，儿子就坚定地对我说："妈妈，不论同学们怎么说，我都认为这个世界上真的有圣诞老人，只有相信他存在，我依然会像以前一样收到他送的礼物。"

听了儿子的回答，我总算放心了，我相信，对于儿子来说，对圣诞礼物期盼的美好将会延续下去。

这时，已经游了好几圈的儿子再次游到我身边，催促着我和他比赛。我向他介绍了刚刚认识的那位妈妈，并建议我们三人一起比赛，儿子愉快地答应了。真是一个美妙的周末！

做孩子最好的"玩伴"

大部分家庭中，爸爸似乎一直都很忙，但妈妈呢，妈妈也一样忙得和爸爸一样没有时间陪孩子，与孩子一起玩耍吗？说到底，孩子的低幼成长阶段中，妈妈在时间和精力上需要较之爸爸有更大的付出，所以，现实一点说，妈妈要更多承担起这个无法替代的角色来，拿出时间抱一抱、亲一亲自己的宝贝，让孩子感受到爱的激励和家的温暖。

我的大学同学李莫，是某公司的市场部高管，前些天说好了要陪十岁的儿子出去玩一天，可因为工作一直很忙，实在是抽不出身，只好抽空到商场给儿子买辆玩具汽车来补偿。"业务多，平常应酬少不了，只好牺牲小孩子了。"李莫说，"小孩子嘛，买个礼物哄他高兴就好了，这也是没办法的事儿。"

几天后，李莫发现给孩子买的汽车玩具居然安静地搁置在客厅一角，这让她大为不解。她问孩子："你不喜欢吗？"

孩子回答道："妈妈，我只想去公园玩滑梯。"

那一刻，李莫忽然意识到，自己似乎一直都没关注过孩子的真正需求，只是自以为是地把某种需求当作孩子的所需，这实在让她心生惭愧。事实上，李莫还有一点不知道的是，那些看似精美的各种益智玩具、高科技玩具，都无法取代自己对孩子的陪伴，自己才是孩子最好的"玩具"。对于孩子来说，如果能有人在身边陪同玩耍，要比一个价值昂贵的玩具更有诱惑力。

心理学家指出，一天中与父母亲接触不少于两小时的孩子，比那些一周内接触不到六小时的孩子智商要高。所以，如果夫妻间一方没有时间，另一方则必须多抽时间和孩子陪伴玩耍。当然，玩耍也是一种能力，需要用心修炼才能达到炉火纯青之境界。

关于这个经验，我的做法是，用心尝试在日常交往中多和孩子进行游戏的沟通方式。比如让老公配合，让他下班回家，进门前可以跟孩子说："大灰狼来了，小兔子开开门！"孩子听到大人的"引导"，会很快"入戏"，跟大人演一段游戏！

你也可以多发挥自己的聪明才智，利用家中的废弃物：一个大纸箱、一大块旧布、一个空塑料瓶等，都可以变成和孩子玩的宝贝，在亲子玩耍中创造出各种不可思议的神奇效果来。例如，纸箱变"投篮"，旧布变云彩、巫婆斗篷、塑料瓶变保龄球等。当然，户外活动对孩子来说，也是不可缺少的。你可以和孩子一起到大自然中玩耍，让孩子接触到更多的花草树木，为孩子创造更多玩耍、学习的机会与空间。

所以，从现在起，你要主动创造一些家庭的快乐时光和孩子一起玩耍，这有助于孩子的情绪平和、学习优秀……尤其是，这种玩耍是亲子良好沟通的催化剂，能给孩子的成长带来深远的影响，当然，说服你的老公，让他在这样的游戏陪伴中也能参与一部分角色和时间进来，效果自然事半功倍。

你的需求未必是孩子的希望

我坐在李莫家那张宽大的沙发中，直着身板，两眼盯着手中的那张学习课程表，上面写着英语、书法、钢琴、跆拳道、小主持人、相声。这是一个八岁孩子每个周末需要学习的课程，它几乎占满了孩子的所有时间，别说一个孩子，就是一个大人也难以承受这么多课程所带来的压力。

"看完了吗？"坐在我对面的张玲单刀直入地说，"我认为这是培养一个男孩各方面素质的最佳课程。"

张玲是李莫的好朋友，据李莫说她是一所大学的教授。当张玲得知我是一名幼教工作者后，情绪仿佛失控了一般，对她儿子进行了长达十几分钟的控诉。张玲抱怨儿子软弱，远不如她好强。她说她小的时候，

家境不好，但这不妨碍她努力学习。经过多年的奋斗，她创造出了一番事业的同时，也为儿子创造了良好的生活条件，可儿子太不争气，连这么几门课程都学不好。

我朝她挥了挥手中的课程表，说："这么多课程，哪里是一个八岁孩子能学得过来的呀。即使孩子能学过来，你想想他该多累啊！"

对于我的话，张玲表现出一副不置可否的样子，她说："我小的时候，在学习上承受的压力远比他大得多，即便如此，我妈还老说软弱，一点抗压能力都没有。"

"你让孩子学习其他课程尚可理解，可是为什么还要求他学相声？"我好奇地问。

她说："男生很需要幽默呀！"

我不由得一乐，可张玲却无视我的笑，她严肃地说："当下社会竞争这么激烈，更别说以后了。现在让孩子多学习，也就等于以后拥有了竞争力。况且，现在很多孩子都是这样学习的，如果我的孩子不去学，以后拿什么和别人竞争？我这么做，也是不想让孩子输在起跑线上。"

张玲的话让我陷入了沉默。是的，天下哪个父母不希望自己的孩子以后成龙成凤，于是每个周末，他们会带着孩子上各种兴趣班，放学之后立刻去学钢琴，学完钢琴再学美术，回家之后再做作业，一直折腾到很晚孩子才能休息。

记得我儿子刚上一年级的时候，我也和所有的父母一样，为了不让孩子输在起跑线上，为儿子精心挑选了钢琴课，意在培养儿子一些艺术气质。可儿子对我私自为他选择兴趣班表达了强烈的不满，他告诉我说，他不喜欢钢琴和音乐，只喜欢绘画。

因为之前我听过著名钢琴家郎朗的现场演奏，我至今记得，那晚郎朗身着一袭黑色西装，蝴蝶领结，款款走上舞台，像一个翩翩公子。还未等他正式演奏，场内不少女士都不可抑制地发出了惊叹声甚至是尖叫声。而等他正式开始演奏后，听着那美妙的琴声，看着郎朗那双不断在黑白相间的琴键上飞跃跳动的修长手指，我被震撼了。我想，我的儿子如果以后也能像郎朗一样，那该是一件多么幸福的事情啊！

基于这样的愿望，所以我对儿子的抗议置若罔闻，先是费尽口舌地说明学钢琴的种种好处，甚至还狂热地在网上找出郎朗弹琴的视频，意在让儿子遵从我的安排。可儿子似乎对我的努力并不领情，依然坚定地说不喜欢学钢琴。我再也无法控制自己的情绪，几乎失控地对他吼道："我已经给你报了名，钱也交了，也无法退掉，你去也得去，不去也得去。"

儿子终于妥协了，每个周末都会去学钢琴。我作为最后的"胜利者"不免有些沾沾自喜，这小子以后真要成了钢琴家，指不定能迷倒多少小女生呢！可我美好的幻想还未持续多长时间，儿子的日记就让我变得心情沉重起来了。

一天晚上，儿子上床休息了，我在帮他整理书桌的时候，无意中翻开了他的日记本，上面写着自从他学钢琴后的感受。他说他不喜欢学钢琴，可妈妈很霸道，总强迫他去学，他其实最喜欢画画。他不喜欢这样的妈妈，以前那个善良的妈妈去哪儿了？

儿子的日记让我心头一震，心里难过极了，这可怎么办呀！我心乱如麻，一时不知道怎么办才好，于是我回房把儿子的日记告诉了先生。先生是一个喜欢读书的人，也是一个睿智的人，每次我遇到难题，他总能一下抓住问题的关键，给出最中肯的建议。

先生沉思了一会儿，说："自从儿子学钢琴后，就明显有情绪，我看着也心疼，而你却一味沉浸在自己的一厢情愿中，忽略了孩子的感受。现在最好的办法就是马上停止学琴，按照他自己的意愿去学习就可以了。"

我虽然心疼那笔不菲的报名费，但为了儿子，我还是选择了停止，并诚恳地告诉儿子："以后妈妈不会强迫你做不喜欢做的事情了。不过，你要知道，一些原则性问题，比如放学回家要先完成作业再做其他的事情，这些你必须听妈妈的。至于兴趣选择，比如你喜欢画画，以后妈妈不仅不会干涉而且还会支持你！"

儿子有些不相信我的转变，当他再次向我确认不用学钢琴之后，终于变得高兴起来，而我也终于松了口气。

事后，我又反省了整件事情，突然发觉，我作为一名幼教工作者，对孩子不同年龄阶段的心理状态十分熟悉，可是在外界因素的影响下，我居然会犯把自己的愿望强加给孩子的这种低级错误！真可谓"知易行难"！

美国著名心理学家埃里克·埃里克森认为人生分为几个阶段，每个阶段都有独特的任务要完成，不能提前或者滞后。对于孩童来说，除了学习之外，家长应该给予他更多自由玩耍的时间，即使有意让孩子参加一些兴趣班，也要征求孩子的同意，要知道很多父母也会像我一样，他们的愿望很多时候并不是孩子的愿望，而他们把自己的愿望强加给孩子，就如同给不饿的孩子喂食，给不渴的孩子强行喝水，必然只会引起孩子的痛苦和反感。

当我把我和儿子的故事分享出来后，张玲沉默了好久，说："确实，我和原来的你一样，希望儿子以后能够成为我所期待的样子，并以我的经验和阅历，把一些东西强加给孩子，这其实就是一场自以为是的爱，对孩子并不公平。"

听了张玲的话，我也松了口气，我想她终于明白了我要表达的意思。

适当放手，孩子才能独立

如果家长不适时放手，永远把孩子保护在羽翼之下，不放心孩子做任何事情，最后只能使他变得缩手缩脚，还容易产生自卑心理。我曾亲眼见过一个相对独立的女孩和一个羞怯的男孩的不同表现，充分地说明，家长适当放手对孩子的重要性。

那是在一次朋友的聚会上，两个朋友各自带了自己的孩子，一个是八岁的女孩，另一个是八岁的男孩。

在点饮品的时候，服务员笑眯眯地问："两位小朋友，你们想喝什么口味的果汁？"

女孩马上说："姐姐，我想喝苹果味的，谢谢。"

那位服务员明显被这个懂礼貌的小姑娘打动了，十分认真地回应道："好的，姐姐马上帮你拿。"

而坐在我身边的那个小男孩就没有那么大方了，他轻轻地拉了一下妈妈的衣角，低着头小声说："妈妈，我想喝柠檬口味的。"男孩的妈妈听后，也没说什么，十分自然地转告了服务员。

正式用餐时，小男孩居然不敢当众动筷子，而是像要果汁一样不断地拉着妈妈的衣角，然后告诉她自己想吃哪个菜。男孩的妈妈没有丝毫不耐烦，而是不断根据男孩的要求来夹菜。

而那个女孩则是大大方方地夹着自己喜欢吃的菜，吃相文雅，十几分钟后，她似乎吃饱了，便和妈妈打招呼说要出去玩了。女孩的妈妈只是嘱咐她注意安全，也没有询问她是否吃饱。

吃饭虽然是一件小事，但事情越小越能反映出家长的教育方式是否合适。相比之下，男孩表现出一副羞怯的模样，最大的原因是男孩的妈妈把他照顾得太周到了，以至于让他丧失了独立意识。

聚餐进行到最后时，男孩因手上沾上了油渍，便对妈妈说："妈妈我要去卫生间洗手，可我不知道卫生间在哪儿。"

"自己问问服务员阿姨。"我和女孩的妈妈同时说道。

我们的话音刚落，男孩的妈妈就一脸疼惜地对他说："宝宝，手弄脏了，妈妈带你去找卫生间。"我和女孩的妈妈相视一笑，无奈地摇了摇头。

一个八岁的男孩如果连自己问厕所在哪里的勇气都没有，将来长大了又怎么能独立生活？当然，孩子是没有错的，是妈妈太溺爱孩子，事事包办，不给孩子独立成长的机会。

通过这件事情，我越来越意识到"适当放手，让孩子自己成长"的重要性。不可否认，很多在生活上低能的学生的学习成绩确实很优秀，但是要想在如今竞争型社会中很好地生活，光靠成绩好是远远不够的，还需要其他许多生活技能和智慧，而这些往往是那些无法独立的孩子所不具备的。妈妈只有真正放手，给孩子最大的成长空间，孩子才能成长起来。

因材施教，让每个孩子都成为原创

有句话说得好："垃圾是放错了地方的宝贝。"这句话也同样适用于孩子的教育问题。每个孩子的智力发展都是不平衡的，而且各有其优势和劣势，一个孩子可能在某一方面是"垃圾"，而在另一方面就未必不能称为宝贝，家长若是能充分认识到孩子的优势，并着重去培养这方面的优势，相信任何一个孩子都能成长为一个独一无二的小天才。

在一次大学同学的聚会中，许久未见的女同学们坐到一起，不一会儿就谈论起了各自的儿女。其中一个同学说："我女儿很优秀，每年的奥林匹克数学竞赛她都能拔得头筹。"

另一个同学听了，接着说："我儿子也不差，在学校里是大队长，也是三好学生，年年学校组织个什么活动，都让他当主持人。"

……

每个人都在极力地夸奖自己的孩子，说了一圈下来，大家发现只有我和张灵没有发言，便都怂恿我们说说自己的孩子怎么样。我仔细想了想，自己的儿子确实没有大家的孩子那样优秀，他既没有获过什么拿得出手的大奖，也没有担任过大队长、主持人，所以实话实说道："我儿子成绩中上等，在班级里当小队长，偶尔学校组织文艺会演，他也会表演一些节目，我觉得表演得还不错。"

大家显然对我的答案不满意，所以立刻催着张灵说说自己的孩子。张灵望着我笑了笑说："我女儿最大的优点，恐怕就只有人缘好了吧。"说完，她自己先笑了起来。

"人缘好？"大家对这个优点很不能理解，但大家还是很礼貌地附和了几句，"人缘好好呀，这社会现在拼的不就是人际关系吗？"说完，大家都识趣地终止了这个话题，开始上菜了，我和张灵坐在一起，乘机聊起了各自的孩子。

张灵说她女儿的成绩一直处在中等的水平，中等到什么地步呢，就是全班有56个人，她女儿的成绩就不偏不倚地为28名，就像一条中分线，时间久了，孩子们都管她女儿叫作"中分线"，张灵和她老公认为这个外号多少有点戏谑贬低的意思，但是他们的女儿却能安然地接受，当同学们喊她"中分线"时，她总是能没心没肺地答应。

为了让女儿摆脱这个外号，张灵费了不少力气，每天监督孩子完成家庭作业不说，还报了一大堆各种课外补习班。折腾了一学期下来，女儿的学习成绩依旧稳稳地维持在"中分线"上，这个结果让张灵大跌眼镜。一个学期下来，女儿也被折磨得够呛，看着这个结果，张灵退掉了所有的补习班，心里想：反正也努力过了，听天由命吧。

就在张灵好不容易说服自己接受孩子的平凡时，一个偶然的机会，让张灵看到了自己女儿身上的闪光点。

那是一次郊游活动，几家人包了一个中型大巴前往。一路上，有的孩子吹口琴，有的唱歌，还有的跳舞，总之把气氛搞得很欢快，张灵的孩子既不会吹口琴，也不会唱歌，更不会跳舞，所以只能坐在一边一个劲儿地鼓掌。谁料，大巴车开着开着抛了锚，一车人的热情也冷却了下来，每个人都苦着一张脸。只有张灵的女儿还是笑嘻嘻的，她一会儿给大家讲一个笑话，一会儿讲一个笑话，把大家逗得哈哈直笑。张灵从来不知道，在女儿的肚子里，装着这么多笑话。

旅游回来后，张灵的女儿就进入了紧张的期末考试中。孩子的成绩依旧没有突破，但好在也没有下降。在拿成绩的那一天，班主任将张灵留了下来。班主任说自己执教这么多年，还头一次遇到张灵女儿这样的学生，就在张灵嘀咕自己女儿会犯什么错误时，班主任搬来了一个投票箱。

张灵疑惑地将手伸了进去，拿了一张纸条出来，上面写的是女儿的名字，再拿一张，还是女儿的名字，接连五张纸条，无一例外写的全是女儿的名字。在张灵试探的眼神中，班主任肯定地说道："这一箱子除了你女儿的那张，其他每一张都写的是你女儿的名字。"

往年学校都评三好学生、优秀班干部，学校领导认为这样的评选太片面，于是更改了评选标准，将奖项改为"班里最受欢迎的人""班里

最爱学习的人""班里最爱劳动的人"……而张灵的女儿以全票通过的形式，成了"班里最受欢迎的人"。

说完自己的女儿，张灵长长地舒了一口气，继而认真地对我说："说实话，我很骄傲。我现在一点儿也不羡慕那些孩子学习成绩好，孩子特长多爱好多的家长了，因为在我看来，我的女儿也足够优秀。"

其实，孩子是否优秀根本没有一个统一的标准，或许孩子在某个方面弱一点，但是在另外一方面，我们就能发现孩子身上独特的"闪光点"，就像我当初逼着儿子学钢琴，他并不擅长音律，我却固执地认为这应该成为他优秀的一面。而当我放下执念，全面地去欣赏孩子时，我发现我的孩子虽然没有音乐细胞，不能像钢琴王子那样优雅，但是他游泳很厉害，说不定就是下一个菲尔普斯。明明每一个孩子都是原创的版本，各不相同，各有所长，我们为什么非要让他们成为别人的"翻版"呢？

孩子的"自私"不是他的错

第一次发现儿子有"自私"行为的时候，是在他不到两岁时，我带他到儿童乐园玩。刚开始去的时候，儿童乐园里人很少，基本都是各玩各的，儿子一个人玩滑梯玩得很起劲儿。可是没多久，人就渐渐地多了起来。每当有小朋友踏上滑梯，儿子都会急忙跑过去，一把拽住人家说："这是我的！"

我只好将儿子拽到怀里，耐心地给他讲，儿童乐园属于公众场合，里面的东西是大家的，每个人都可以玩。但是这对儿子丝毫不起作用，并逐渐发展为只要是他玩过的东西，其他小朋友一拿，他就会着急，嘴里喊着："那是我的。"在反复劝说也无果的情况下，我只好将他带离"是非之地"。回到家后，我便将儿子的"自私"行为告诉了先生，先

生和我一样,认为这是个不好的开端,一定要想办法让孩子将这个坏习惯改正过来。

后来,在儿子与其他小朋友相处的过程中,只要儿子一出现"自私"的行为,我就会严加阻止,比如有一次邻居家的小孩彤彤来找儿子,彤彤想玩儿子的小火车,但儿子宁可将小火车推到沙发底下也不愿意让彤彤玩,彤彤拿什么,儿子就抢什么。为了惩治儿子,儿子跟彤彤抢什么,我就跟他抢什么,然后抢过来塞到彤彤手里。彤彤高兴了,儿子却哭得很伤心,嘴里还不停地喊着:"这是我的!这是我的!"更重要的是,这样的方式丝毫起不到作用,不但没能让儿子变得"大方"起来,反而变得越发吝啬。

黔驴技穷的我只好买来了许多育儿书,一本一本地翻看。渐渐地我才懂得,儿子的行为不能称之为"自私"。孩子在刚出生时,是没有自我的,他们与世界浑然一体,但是在自然法则的感召之下,孩子会一刻不停地形成自己。而在两到三岁的时候,则是孩子自我认知的成长阶段。在这个阶段,孩子的所作所为完全是按照自己的意愿、情感、心理和意愿的需求而为之,他们十分渴望自己有权管理属于自己的东西,而且在这个阶段,他们的口头禅就是"我的",他们每天的"工作"就是看管好"我的"所有物品,这是孩子自我意识的体现,是他们通过占有属于自己的物品来区分自己和他人的一种方式,因为只有占有了这个物品,他们才能感受到"我"的存在,而非大人所谓的"自私"行为。

而当时无知的我差一点就给儿子贴上了"自私"的标签。果真,当儿子度过了这个时期，他很自然地就学会了"分享"，这在他上幼儿园大班以后表现得尤为明显，他会将自己从家里带去的食物，主动分给幼儿园的小伙伴，到了儿童乐园也懂得自觉排队。

在公交车上，我经常会看到这样的情景：小孩坐在座位上，而大人则嘴里向让座的人道着谢，手上还拎着大包小包。孩子坐在座位上悠闲自得，旁边的大人疲惫不堪。这是多么鲜明的对比。保护孩子是大人的天职，但是我们不应该将孩子当作"弱者"去对待，让孩子想当然地认为"照顾我是应该的，座位就应该是属于我的"。这样被"保护"过度的孩子，自然会成长为自私的孩子。

还有就是逗孩子的行为。来我家做客的朋友中，不乏一些喜爱孩子、爱逗孩子玩的大人。他们可以陪孩子疯玩，但是我却严格禁止他们逗我的儿子。比如说：某个朋友看到我儿子在吃饼干，于是便张着嘴说："给阿姨吃一口。"可当儿子将饼干递过去的时候，朋友却说："谢谢你，阿姨不吃。"当然朋友并无恶意，但是无形中却让孩子对"分享"的概念产生了歧义，那就是"其他人不会真的要我的东西，分享只是一种形式，不需要认真"。久而久之，孩子就会变成一个不懂分享的孩子。其实，孩子在很小的时候，就懂得与他人分享，除了在"自我意识"成长时期，分享几乎是他们的天性，但是却被家长这样逗着逗着给逗没了。

在当今这个竞争的社会中，只有懂得与他人合作的人，才能得到长足的发展，而一个自私、不懂合作的人，只会被社会排挤，被时代抛

弃。作为一个好妈妈，我们不能因为害怕孩子会吃亏，就对他们过度保护，我们需要保护的是孩子的"自我"，让孩子懂得珍惜自己的物品，维护自己的权利。但是又不能培养出"自私"的小孩，在这个过程中我们要以身作则，摒弃一切会培养出孩子自私的行为，让孩子学会尊重他人的物品，懂得与他人分享。

第二章

开启孩子最能接受的沟通方式

消极的语言"暴力"与积极的语言"魔力"

"唠叨"是颗爱的定时炸弹

批评方式正确，孩子自然认错改错

尊重孩子，让孩子做自己

放下架子，像朋友一样与孩子对话

先肯定后批评，批评才能奏效

以孩子爱听的方式讲道理

让孩子把话说完，不中途打断

❦ 消极的语言"暴力"与积极的语言"魔力"

这天,小美带着女儿小爱来到离家不远的一家肯德基。小爱吃饱后想去玩餐厅内摆放的滑梯。

小美看着女儿一脸向往的表情,便鼓励她去玩,顺便还能交上好朋友呢。

玩滑梯的小孩们不时爆发出阵阵欢乐的笑声。而小爱好像对另外一个小姑娘颇有好感,一直紧紧跟在她身后。她们一起又滑了几次,小爱试图去拉小姑娘的手,却被甩开了。小爱又尝试了几次,依然没有牵手成功。小姑娘突然站到小爱面前,说了句什么,小爱突然撅起了嘴巴,愣在原地好大一会儿,径直跑到小美身边,抱着她的腿放声大哭。

一头雾水的小美忙从座位上站起来,然后蹲下身子,替小爱擦了擦眼泪，问她发生了什么事情。但是小爱却没有回答，此时她已经哭得上气不接下气。小美停止了追问，安静地抱着小爱，她终于慢慢平静了下来，抽噎着问小美："我是不是很让人讨厌？"

小美猜测肯定是刚才那个小姑娘对小爱说了什么伤害她的话。她将小爱揽在怀中，郑重地告诉她，小爱是天底下最聪明懂事的孩子。

听了小美的话，小爱仍然有些将信将疑，追问小美说："那为什么那个姐姐一直不让我拉她的手，还说很讨厌我，不喜欢和我一起玩？"

明白事情原委的小美这样开导小爱："小爱，还记得妈妈平时是怎么教你的吗？不论做什么事情，都要学会尊重别人。你刚才想和姐姐拉手，征求她的同意了吗？"

小爱沉默不语。

小美接着告诉她交朋友失败一次不要紧，妈妈还会鼓励她以后继续和别的小朋友交朋友。不过，下次要记得懂礼貌。还有，刚刚那个姐姐之所以不愿意和她拉手，很可能不是因为她没有礼貌，而是她心情不好。"你想想，你以前不是也因为心情不好和妈妈发脾气吗？所以呢，你要理解那个姐姐。"

小爱的情绪彻底平复了。接着，小美又鼓励小爱重新去交新的朋友。因为有了之前的经验，小爱这次显得从容了许多，成功地与另一个小女孩拉着手一起玩起了滑梯。

小美说："孩子都是很脆弱的，即使同龄人说一句'我不喜欢你'这样的话，也可能伤害到孩子。所以，我也把它归类到'语言暴力'

里。"她又感慨地说，同龄小孩都存在语言暴力，更何况我们做家长的，是否也会无意对孩子施加语言暴力。

对于孩子来说，语言暴力带给他的伤害是长久的，不仅会伤害到孩子的自尊心，摧残孩子的心理健康，孩子还会在心理上认同家长的评价，从而逐渐产生自卑心理，丧失生活的勇气等严重后果。

在儿子五岁之前，只要他一不听话，我就怒气冲冲地训斥他。"告诉你多少次了，你怎么还不会？我为什么会有你这样的儿子？"这些都是我的常用语。我清楚地记得，每当儿子听到我这么批评他，总会闷闷不乐好几天。尤其有一次，儿子气得我直想撞墙，我怒不可遏地朝他吼道："我不要你了，你不是我儿子。"本是发泄之语，儿子却当了真，吓得哇哇大哭，一个劲儿地祈求我说："妈妈，我以后再也不敢了，不要赶我走。"

说来也惭愧，每次冲孩子怒吼完，我很快就把这件事情忘记了，即使有时候注意到儿子有几天无精打采，也理所当然地觉得，男孩嘛，连这点批评都接受不了，以后还怎么成大事？不过，很快我就意识到自己的错误了。

有一次，我带着儿子坐地铁去朋友家做客，中间上来一对母子，刚好坐在我们对面。刚坐下，那位妈妈就从包里拿出一张试卷，一边指着试卷，一边训斥孩子："你看这道题这么简单，你居然会做错，真不知道你当时是怎么想的。再看这道题，和我上次讲过的那道题不是很像吗，你怎么就这么笨，要学会举一反三啊！"这位妈妈越说越激动，声音也越来越大。到最后，又从学习问题转移到生活问题上，从不注意个人卫生，到不愿意帮忙做家务，大大小小的事情，这位妈妈罗列了足足有十几件。我发现，小男孩的头越来越低，而妈妈依然不顾四周的目光，继续喋喋不休地批评。

"妈妈，他真的好可怜！"儿子说。听他的口气，真有一种同病相怜的感觉。

而我作为旁观者，此情此景让我想起了我平时对儿子的态度，不由得心生愧疚和后悔，这才意识到一句暴力语言需要花多长时间和多少时间才能弥补啊，于是，我下定决心，以后一定要杜绝对儿子说一些暴力语言。

从这以后，儿子做事情哪怕做得再不好，我都会心平气和地鼓励他："不要紧的，这次事情没做好，主要是因为你之前没有经验。妈妈小时候也和你一样，经常做不好一些事情。所以妈妈给你试错的机会，也相信你下次一定会做得比现在好。"

见儿子惊讶于我的变化，于是我趁机向他为我过去的做法表示道歉，说："过去妈妈确实是有些着急，所以说话严厉了一些。以后妈妈向你保证，再也不会这样了。"我的话打开了儿子的心结，我为此感到庆幸。

一天晚上，吃过晚饭，我带着儿子到小区附近的一个小广场遛弯。广场上十分热闹。这时，儿子看到一项钓鱼的游戏。所谓的钓鱼并不是钓真正的鱼，而是将一些小鱼造型的玩具放在一个水槽中，然后用鱼钩

去钓玩具上的一条小绳子。水池中除了小鱼之外，还有一些奥特曼、小怪兽等多种造型的玩具，难怪儿子想玩，他是想得到这些玩具。于是我去租了一根鱼竿交给他。

拿到鱼竿的儿子有些激动，一会儿吵着要钓这个，一会儿又说要钓那个，最终却迟迟没有动手。我便在旁边提醒游戏是有个数限制的，所以一定要心平气和地钓最想钓的"鱼"。儿子慢慢集中精力，开始钓了起来。这项游戏看起来简单，但一旦操作起来可就没有那么容易了。儿子努力了好久，一条也没有钓上来，他有些泄气的同时，也有想放弃的样子。

站在一旁的我，恨不得亲自上阵替儿子钓鱼，可转念一想，如果我插手就等于变相否定儿子，这难道不是行为上的暴力语言吗？于是我开始鼓励儿子："儿子，你是第一次玩这个游戏，钓不到鱼是很正常的。但是现在还有一些时间，你就真的甘心放弃你喜欢的玩具吗？妈妈的意思是，你再试一试，说不定可以成功。"

在我的鼓励下，儿子继续钓鱼。过了一会儿，他终于钓到了第一条鱼，我夸张地替他加油。接下来就比较顺利了，他开始钓到第二条、第三条……那天晚上，我们都收获了很多。对于儿子来说，他凭借自己的能力拥有了玩具，收获了成就感和满足感；对于我来说，我深切地感受到了消极语言和积极语言对孩子的影响是有天壤之别的。

如果那天晚上，我依然像过去一样，在儿子钓不到鱼的时候随意说一些"你真笨"之类的话，那么他就会开始怀疑自己的能力，认为自己真的不行，以后肯定也没有勇气去面对更多的挑战了。

　　再联系小美和我分享的经历，我更加意识到，在教育孩子的过程中，身为家长不能口无遮拦，想到什么说什么，因为家长的无意之语对孩子来说可能就是语言暴力，它给孩子带来的伤害有时候可能比体罚都严重。所以，再和儿子进行一些交流沟通时，我都会提前想好措辞，避免出现一些语言暴力，并适当鼓励，我想，也只有如此，儿子才能健康快乐地成长。

"唠叨"是颗爱的定时炸弹

电影《大话西游》里的唐三藏一直为不听话的孙悟空感到头疼，想要控制他却心有余而力不足，于是观音菩萨便赐给他"紧箍咒"。有了这个法宝，唐三藏就省心多了，只要孙悟空一不听话，唐三藏就念紧箍咒，终于将其成功制服。有人打趣说："家长就是现实中的唐三藏，而孩子就是孙悟空。"

每位家长都十分爱自己的孩子，自然会格外重视孩子的一言一行、一举一动，所以也总在不停地对孩子唠叨，给孩子念"紧箍咒"，这种唠叨在孩子的心里产生了多么巨大且不良的后果呀！我曾针对小学生做过一份关于"怎样看待父母的唠叨"的民意调查，有好几个小朋友对家长的"唠叨"倾诉了心声：

一个小男孩说："听到妈妈的唠叨就心烦，恨不得找个地缝钻进去，可是又不敢反抗，就只能忍受。"

还有一个小男孩说："爸爸妈妈们唠叨的时候我就知道自己错在哪里了，没必要从一件事再扯出一大串的事，把我从头到尾批判一顿。"

一个小女孩说："妈妈有时候唠叨不分青红皂白，就知道冤枉我，真的好希望妈妈能听听我的心声。有时候听妈妈唠叨得气极了，我会摔东西，发泄一下。"

还有一个小女孩说："我在和小朋友玩跳皮筋的时候，妈妈却喊我去写作业，人家都在玩，我向妈妈保证，会合理安排时间完成作业，可是妈妈就是不听，还不停地数落我，直到好朋友们都被妈妈的唠叨吓跑了，我乖乖地回去写作业，妈妈才算罢休。有时候想如果我会变魔法多好啊，我就把妈妈变成小孩子，把我变成大人，让妈妈也尝尝唠叨的滋味，让她也知道我的心情。"

……

所谓的唠叨指的是那些不经思考并不断重复的话，而这些话语充满了负能量，不会带给孩子任何好处。家长不停地唠叨会对孩子的自我体验以及心理造成很大的干扰，以至于会让孩子产生逆反心理。很多时候，一个孩子在某一件事情上被唠叨得越多，他往往越无法做好这件事情。

最近有个朋友跑来向我诉苦："我儿子越来越不听话了，现在我都不知道该怎么和他进行交流。"

在我的印象中，她的儿子小磊今年上六年级，不仅学习成绩非常好，而且还十分懂礼貌，每次见我都会主动打招呼。我也会私下经常和别的朋友感慨她教子有方。我不解地问她："小磊那么聪明懂事，难道你们之间也会出现沟通问题吗？"

朋友叹了口气说："他在学习上是很优秀，而且也懂礼貌。可你不知道，这孩子在生活上其实很粗糙，在家里从来不叠被子，用完的东西从来都不知道放回原位。现在只要他一回家，我就像跟屁虫一样，跟着他到处收拾屋子。这些事情，我每天耳提面命地说了无数次，一开始他还回应说一定改正，可一直不见行动。再后来，不论我怎么说，他就是不搭理我。有一次，我还被这小子气得掉眼泪，而他看了我一眼就回自己的房间了。有时候，我怀疑这小子到底是不是我生的，怎么对我一点儿感情都没有？"说到难过处，她抹起了眼泪。

听朋友这么描述，我马上就听出了问题，便说："这就是你和小磊之间存在问题的原因。你成天就知道唠叨批评他，他肯定受不了。"

朋友不服气地说："他在学习上是很优秀，但在生活上却很差劲，这是他的缺点，我唠叨也是为了他好，总不能像别人一样把他夸上天吧？那他肯定会骄傲的。"

我扑哧一笑，说："这就是你多余的担心了。小磊学习成绩很优秀，这是大家有目共睹的，但从他平时的表现来看，他是一个很懂事的孩子，也不会轻易骄傲。而且对于孩子来说，切忌唠叨，你越唠叨，他越会反感你！"

朋友若有所思地说:"我确实有些唠叨过头了。现在我才发现他不喜欢我,我再怎么说都不会管用。这可怎么办才好!"于是我给她出了一个主意,让她停止对孩子的唠叨,然后与孩子进行谈心,把需要他改进的地方定成规矩。即使孩子仍然不能做好,也不能再唠叨,而要找适当的机会提醒他。

几个月过后,朋友神采奕奕地来看我,并告诉我,自从她和小磊长谈一次并有意识地停止了唠叨之后,小磊不仅愿意像以前一样亲近她,而且还主动检讨自己做得还不够好的地方。

你看,只要家长停止唠叨,几乎每个孩子都会按照父母的要求改正自己的缺点。再说,现在很多孩子在家长的唠叨声中早就练就了对付唠叨的过硬本领。如果父母反复说教,不断给孩子施以相同的刺激,则可使孩子养成"心理惰性",结果是父母唠叨得越多,孩子的防御能力越强。当孩子在心理上构筑起唠叨的"防火墙",即使是"金玉良言"也很难穿透了。如果唠叨的刺激够大,那么还可能导致父母和孩子之间的严重冲突,所以说没完没了的唠叨,就像一颗埋在父母和孩子之间的定时炸弹。

所以,父母不要老是对孩子一味地数落、责怪,试着学会沉默和鼓励,在对孩子的进步给予表扬和鼓励的基础上,对其过错予以纠正,孩子就容易接受你的意见了。唠叨不一定全是孩子的错,如果某天孩子指出父母爱唠叨时,请积极地寻找自己爱唠叨的原因,从源头上解决问题。

　　总之，不管做什么事，说一万遍，问题还是问题，解决不了。所以，说一遍明白了，就不要再说，另外，还要少说教，多践行，这才是最好的教育。

批评方式正确，孩子自然认错改错

错误和批评，是孩子和妈妈都要面对的问题。而批评孩子的态度和方法，最能体现一位妈妈的亲子沟通水平。就事论事，不翻旧账，是妈妈批评时必须把握的第一要诀。

二年级期末考试结束的第三天，妈妈通过班级QQ群知道了孩子的各科成绩，除了语文成绩之外，其他科目的成绩妈妈都很满意。语文只有82分，在现在的班级环境中，基本上是单科倒数的层次了。

妈妈很焦虑，她知道孩子还是有些偏科，这个问题在上学期就已经存在了。尽管内心有些情绪，妈妈还是来到孩子的房间，蹲下来握着孩子的双手问："这次语文没考好，想想看是什么原因呢？"

"我写作文的时间太长了，结果前面有些题没有做完。"

"前面那些题你会做吗？"

"我都会做，我在写作文时因为太专注，把时间给忘了。"

"那这次妈妈不怪你，下次考试一定要计划好时间，不要再犯同样的错误了。"

"嗯，经过这次教训，下次肯定不会了。"

"好，我们去吃饭吧，妈妈给你做了好吃的！"

"谢谢妈妈！"

这位妈妈在孩子语文没有考好的情况，没有无端地指责孩子，而是就事论事，跟孩子一起分析了考试失利的原因，最后孩子也明白自己的错误，并决心改正自己的错误，结局非常圆满。

在实际生活中，当孩子因为一次考试没考好时，父母经常是这样批评的："你这书是怎么读的，成绩怎么这么差？你看看你的鞋子，弄得这么脏！上次让你去学跳舞，你不想学，跳得也不好。这下好了，什么都差劲。我和你爸爸的成绩可从来没这么差过，我们上学的时候，多想学唱歌，学跳舞啊，可是时代限制啊！我们把所有的希望都放在了你身上，可是结果怎么样……"想必，这些场景可能非常熟悉，有些也经常发生在我们自己身上吧。转念想想，不能读懂孩子的内心，不权衡问题的根本原因，光有批评的形式，这同样于事无补。

英国教育家洛克说："父母愈不宣扬子女的过错，子女对自己的名誉就愈看重；若是你当众使其无地自容，他们觉得自己的名誉已经受了打击，则设法维持好评的心思就更加淡薄。"孩子犯了错误，只要改正了，妈妈就不应总把错误挂在嘴边，老是"翻旧账"，否则，会让孩子觉得永远无法在妈妈面前翻身！

关于对孩子的对话方式，批评只是其中一种，而针对孩子问题所要进行的批评也有太多注意的点，比如不能全盘否定和一味贬低，要以迂回、含蓄的方式给孩子留出台阶等，这些针对我们自己的孩子及孩子不同成长阶段所要面对的问题，都要综合考虑来进行。

一次，我和儿子去超市，带着刚买的包包，儿子提出要帮我提皮包。我犹豫了一下，还是同意了。

我们走到超市门口时，儿子忽然一个不注意，手提包从手中脱落，掉到地上，准确地说，掉到了超市门口的一个脏水坑中。儿子惊呆了，愣在那里，不知所措地望着我。

我犹豫了一下，弯腰捡起水中的手提包，告诉他："你看妈妈的手提包是防水的，只要用纸巾把泥点擦掉就可以了。"儿子听了，表情不再那么紧张，他从自己的小口袋里取出一块面巾纸，仔细擦拭包上的污渍。

"妈妈，我把皮包弄脏了，您怎么不批评我呢？"儿子问。

"每个人都会犯错误，妈妈也一样。不过妈妈会在错误中汲取教训，相信你也会这么做的！"我回复他。

儿子说："真的么？妈妈，我也会汲取教训的！我可以再给您提包么？"

我很高兴地又把皮包交给了他。

　　"人非圣贤，孰能无过？"何况是还没有长大的孩子。孩子有什么缺点，或者犯了什么错误，妈妈在批评时绝不能全盘否定其优点和成绩。只要对其错误加以批评，使其及时改正即可。我一直秉承着这样的育儿理念，的确受益无穷。孩子所犯的那点所谓的错误，可能是经验不足，可能是能力不够，也可能是好心办了坏事，所以我提醒自己，首先肯定他、接纳他造成的问题结果，然后再去给他改进的机会。

　　在成长过程中，孩子就像一杯没有倒满的水，我们不能总是看到"一半是空的"，而应该看到孩子已经"有一半的水"。

　　美国诗人朗费罗曾说："撕坏的衣服很快就能补，而恶毒的话却会给孩子的心留下永久的创伤。"妈妈想要激励孩子，千万不要贬低孩子的缺点，挖苦孩子的错失。应该多用启发、引导、鼓励的方式与孩子沟通，为孩子指点"迷津"。

　　其实，风趣幽默的亲子沟通更能触动孩子活泼的天性，它不仅能使孩子免去在大人面前的拘谨，拉近妈妈与孩子之间的距离，还能使孩子在轻松的笑声中受到深刻的启迪。

尊重孩子，让孩子做自己

　　我有个做销售的朋友，性格豪爽，不拘小节，自从有了小孩之后，她性情依旧未变，但也开始尝试接受我的一些教育理念了。有一次，她感慨地和我说："自从当妈以后，我才知道带孩子不容易。按我说，一个小屁孩能有什么自尊，可是我慢慢才发现，孩子虽然小，却似乎什么都懂，他也需要家长去尊重。所以，现在不管我儿子说的话我有多么不认同，我都会认真对待。"接着她和我讲了一件发生在她儿子身上的事情。

　　一次，朋友要带他去逛商场，他却态度坚决地拒绝了。朋友许诺只要他愿意去商场就给他买一双新鞋，他这才答应了。

　　到了商场的童鞋专柜时，朋友的儿子马上就被一双运动鞋吸引了，

便告诉朋友他喜欢那双鞋。试穿之后，也感觉很舒服，便要求朋友买下来。

朋友看着儿子脚上的鞋，觉得还是有些不满意，便建议儿子再看看其他款式的鞋。就这样，朋友带着他又试了好几双鞋。可奇怪的是，每次试完鞋后不论朋友问他是否喜欢，他都默不作声。

那天为了买一双满意的鞋，他们逛到了很晚。

那双新鞋只穿了一天，朋友的儿子就不愿意再穿了。朋友十分奇怪，追问之下，儿子不无抱怨地说："这双鞋我不喜欢，所以就不想穿了。"

对于一个六岁的孩子来说，尽管年龄小，可已经开始有了自己的审美意识，也开始有意识地选择自己的衣物、玩具。如果家长按照自己的审美标准为孩子挑选物品时，多数会遭到孩子强烈的反对。

还记得我儿子三四岁的时候，我常常把他抱在怀中，问他："妈妈长得好看吗？"

儿子每次都会搂着我的脖子，然后在脸颊上亲一口，奶声奶气地说："妈妈漂亮！"

相信很多妈妈也曾像我一样喜欢儿子夸奖自己，那种满足总会让人觉得自己是这个世界上最幸福的人。然后这种幸福并不会持续太久，随着儿子慢慢长大，我再问他"妈妈漂亮吗"这个百问不厌的问题时，儿子总会先叹一口气，像个小大人摇摇头。等儿子八岁时，我又重复了这个问题，儿子打量了我一番，然后郑重其事地告诉我："妈妈，你该减肥了！"

在孩子不同年龄段问他同样一个问题，他会给出不同的答案。在儿子幼年的时候，除了爸爸，妈妈就是他最亲近，也是片刻不能离开的人，更是对他最好的人，所以他这时回答"漂亮"往往是等于他心理需要的。而当他稍微成长的时候，他开始有了认知能力，对"漂亮"二字有了自己的看法，并有意识地将自己的情感需求和事物的外在表现区分开来。而这个时候，出于情感需求，他认为妈妈还是像以前那样漂亮，但同时对于客观世界来说，妈妈是否漂亮和妈妈在他心里的位置发生了矛盾，所以他宁可不回答，也不作出判断。当儿子到八岁的时候，对于很多事物有了基本的价值观，他意识到所谓的漂亮指的是事物的表象，并不能代表事物的情感寄托物，所以他的回答就变得理性起来，客观地把自己看到的样子描述出来，此时他已经化解了与情感需求的冲突。

这是一个孩子的成长过程，也是一个不断改变自己认知的过程。在孩子幼小的时候，不论妈妈给他买了什么样的新衣服，他都会全盘接受并为此感到高兴，因为在他看来，新的就等同于漂亮。但等孩子略微长大，有了属于自己的审美标准，这个标准不会以父母的意志而转移，这也就是孩子很难接纳父母为他挑选衣服的原因了。

在前文中，我的那位朋友就是忽略了孩子的这个变化过程，因此就与孩子产生了沟通上的障碍，这些障碍不仅存在于购物上，也存在于学习、娱乐、饮食等生活的方方面面。而要想消除这些障碍，最好的办法就是与孩子平等地交流，并尽可能最大限度地尊重他的想法。只有尊重孩子，才能让孩子做自己，并赢得他的信任。

放下架子，像朋友一样与孩子对话

柳青是我的高中同学，也是我多年的闺蜜，每次聚会我们都会交流一些教子经验。一次，她带着已经上三年级的儿子来参加聚会。由于好久没有见面，我们一边吃一边聊天，正聊到兴奋处，突然听到柳青的儿子大叫一声，原来是不小心打翻了饮料杯子，衣服也被弄脏了。

"你是怎么搞的，怎么这么不小心，来的时候我不是告诉你了吗，一定稳稳当当的。"柳青再也顾不上聊天了，一边指责儿子，一边用餐巾纸给他擦拭衣服，"你说你都多大了，喝饮料都能洒，我真是服了。"

她儿子不服气地说："妈妈，我又不是故意的，你干吗老是批评我啊？"

"你做得不好，还不让批评了？"柳青抬眼瞪了儿子一眼说，"我看你也别吃了，等会儿让你爸来接你回家写作业。"

"我的作业早就写完了，你凭什么让我回家？"儿子梗着脖子对柳青说。

"凭什么？就凭我是你妈妈，你就得听我的！"柳青说着说着就生气了，拉着儿子就要回家。几个朋友见阵势不对，马上把他们拦了下来，我安抚了柳青儿子几句，便让他到一边玩了。

重新坐下后，本来还心情不错的柳青就开始对我抱怨："我怎么就摊上这样一个儿子。没上小学之前还挺听话，可自从上了小学之后，他就开始变得叛逆，我经常被他气哭。"

我知道，天下当母亲的都是刀子嘴豆腐心，现在凶巴巴地对儿子吼，过一会儿就会给孩子做一桌可口的食物。我安慰她说："其实我觉得你儿子挺懂事的，只是你刚才的态度确实有些不好。什么'我是你妈妈，你就得听我的'，哪个孩子听到这话都会和你对着干的。"

柳青摇了摇头说："有时候孩子调皮，我怎么说都没用，只能用命令去要求他。我倒是很羡慕你们母子的关系，就像朋友一样，不知道你是怎么做到的。"

我之所以和儿子的关系好，也是不断磨合出来的。

在摸索中，我慢慢发现，要想与儿子进行良好的沟通，最应该做到的一点就是和他成为朋友，而要想实现这一点就需要家长放下架子，和孩子谈话而不是讲话。谈话和讲话虽然只有一字之差，但这两者从对话双方的身份定位上是明显不同的，谈话的效果自然大不相同。"像朋友

那样交谈"说的是家长和孩子要像好朋友那样谈心，给予孩子平等的谈话身份，在不断给予积极正确的建议中引导孩子；"对孩子讲话"，则体现出家长把自己放在居高临下的位置，对孩子说一些训斥的言语，两种交流方式的效果孰优孰劣不言自明。

我告诉柳青："要想和孩子拉近关系，你就得先和他交朋友。只要你把他当成朋友了，他自然不会轻易顶撞你了。"

一听我这话，柳青连连摆手说："我们不可能成为朋友，只能是死对头。现在当着你们的面，他还稍微收敛一些，回到家只要我说他一句，他就能回嘴十句，你说我能和他交朋友吗？"

我十分理解柳青的心情，因为我也曾有过儿子顶撞我的经历。于是我替她分析说："你总是数落你儿子的种种不是，可你想过没有，你儿子和你对着干有很大一部分的原因出自你自己身上？"

柳青愣了一下，用手指指着自己问："你是说我有问题吗？不可能，在家里我快把他当成祖宗一样养了，他想吃什么就吃什么，想穿什么就穿什么，可最后也没见他说一句感谢的话。"

"不是他不想说，是你没有给他机会。"我停顿了一下说，"不论你儿子做了什么事情，你不问青红皂白就训斥他，就像刚才你说的'我是你妈，你就得听我的'这句话，这种态度分明就是在压迫孩子，连解释的机会都不给他，你又怎么能指望他说句感谢的话呢？"

柳青陷入了沉默。

我起身倒了一杯水，放在她面前，说："你呀，什么都好，就是太要面子。你羡慕我和儿子能像朋友一样相处，那是因为我能放下自己的架子，我和儿子的关系是平等的，不论遇到什么问题，我们都会像朋友那样坐下来谈心，共同寻求解决的办法，而不是强迫他听取我的意见。而你要想和你的儿子成为朋友，以后除了不和他说那些带有强迫性的话之外，也要经常陪他一起做游戏，这样他才能完全接纳你。"

柳青虽然没有反驳我，但还是有些难为情地说："和儿子平等交流我能做到，可是和儿子交朋友非得通过游戏吗？你看我都多大岁数了，难不成也要像幼儿园那些年轻的老师一样和孩子整天蹦蹦跳跳吗？"

我被柳青的话逗得乐不可支："谁说和孩子交朋友就一定得蹦蹦跳跳啊？不错，和孩子交朋友的方法有很多种，陪孩子玩只是其中一种方式。确实，我们年龄是不小了，但如果你能做到放下架子，陪孩子一起玩儿，你就能得到无比的满足和幸福。"

说着说着，我突然想起了以前曾陪儿子疯玩的经历，不由得笑了出来。柳青莫名其妙地看着我，我告诉她说以前我经常陪儿子一起疯玩，除了游泳、打羽毛球、踢足球这些常规的项目之外，最好玩也最离谱的一次是先生星期天去公司加班，家里只剩下我和儿子。儿子正是喜欢热闹的年龄，他向我征求意见，说想邀请小区里的几个小朋友来家里举办一个派对，我很爽快地答应了。

把儿子的朋友请到家里之后，我为这些孩子们准备了很多好吃的和好玩的，我还把客厅收拾出来当作"迪尼斯派对"的场地。派对开始后，儿子扮成了米奇，我则扮成了米奇的女朋友米妮，其他几个小朋友也分别扮演了不同的角色。

派对一开始就很热闹，以至于后来演变成我带着这几个孩子过家家，我们一会儿去旅游，一会儿去别人家串门，一会儿又卖东西……整整一天，我们扮演了无数个角色，把家里能用的物品都用上了，甚至连先生的西装也被几个孩子裹在身上。那天我好像回到了小时候和伙伴们一起玩"过家家"的童年时代，最后笑到肚子都痛了。

柳青似乎也听得入了神，见我停了下来，便问道："后来呢？"

"后来先生回来一看家里乱成了一锅粥，眼珠子差点掉下来，气得他一直批评我这么大岁数了还跟着孩子胡闹。"我又想到了先生那张无可奈何的脸，说："不过先生的牺牲也是值得的，后来我和儿子的关系越来越好，不论遇到什么问题，他都会和我商量。这就是我和儿子关系要好的最大秘诀。"

柳青好像被我的这段简单而愉快的经历打动了，她沉默着似乎在想该陪儿子玩什么游戏……

其实，在与父母沟通方面，每个孩子的要求并不高，他们只是需要家长能像朋友一样倾听自己的心声，记得企业家李开复在谈起教育子女时说过："家长如果在孩子面前只是一位高高在上的长辈，把孩子作为成人的附属品，孩子就会变得保守、胆小、被动和听话。这种孩子在30年前的企业是受欢迎的，但是今天已经过时了，我们今天希望培养的孩子是快乐的、乐观的，是能够信任父母、能够彼此倾诉、能够爱自己也能爱别人的人。所以，我做爸爸总是告诉自己要放下架子，像一个朋友一样，拿出时间跟孩子疯玩，让孩子有话都跟我说。"

　　所以，我们作为家长如果能够放下架子，通过各种方式成为孩子的朋友，孩子才能真正向我们敞开心扉，从而得到健康的成长。

先肯定后批评，批评才能奏效

对于孩子来说，犯的大多数错误多是无心之举，这是因为孩子对这个世界充满了好奇，所以在本能的驱使下，他会用所有的感官去感知身边的一切事物。而在这个过程中，孩子在犯各种错误的同时，也会在尝试中得到成长。所以，为了让孩子得到更好地成长，家长在面对孩子的错误时，应该根据实际情况肯定孩子，然后再提出批评意见，如此孩子在意识到错误的同时，也能够接纳我们的建议并也能得到成长。

儿子十分喜欢小动物，五岁的时候养过小兔子、金鱼、小猫等，但不知道为什么，这些小动物都养不长久就死掉了，每次他都会哭得很伤心。为了保护儿子的童心，我让先生买回一只乌龟并告诉儿子："之前那些小动物并没有死，因为它们觉得老是当一种动物实在太没劲，所以都会尝试变成其他小动物。这只乌龟就是那些小动物变的。"

儿子深信不疑，我长吁一口气。

没几天，儿子就忘记了之前养过的小动物，和乌龟交上了朋友，每天从幼儿园回来的第一件事情就是和乌龟说一会儿话，然后才去干别的事情。

这天，我在厨房忙着做饭。忽然从客厅传来儿子的惊叫，我慌张跑到客厅，儿子见我出来，指着水缸说："妈妈，小乌龟不会动了！"

我过去一看，本来不大的水缸已经注满了水，乌龟静静地趴在缸底，一动也不动。我伸手打算把乌龟捞出来，可刚接触水面，我却被烫得直缩手。

"你竟然往这里倒水！你是怎么想的！"刚刚的惊吓让我失去了控制的同时，也让我觉得儿子太残忍了！

儿子见我发火了，突然大哭了起来，一边哭一边说："我刚才逗乌龟，看它一副生病的样子，我以为里面的水有些凉，所以就往里倒了热水。没想到它不会动了，妈妈，它会不会是死了？"

了解到事情的原委之后，我发现我错怪儿子了。我平复了一下情绪，蹲下来一边为儿子擦眼泪，一边安慰他说："对不起，儿子，妈妈刚才错怪你了！不过放心吧，小乌龟是不会死的。记得上次我和你说过的话吗？它只是不想当乌龟了，或许它明天就会以其他小动物的模样来咱们家呢！"

先生回家后，我把刚才的情况和他说了一遍，征求他的意见，先生

思考了一会儿说："我知道儿子这次犯错是无心的，可我们不能就此逃避呀！要让孩子从错误中成长，我相信，咱们儿子认识到这次错误，再教他一些养育小动物的经验，我相信不会再发生这种事情了。"

我也觉得有道理，便同意了先生的建议。吃过晚饭后，我对儿子说："儿子，你很有爱心，这一点妈妈非常赞同。不过有的时候，如果方法不对，你的爱心也会伤害小动物的。你要依照妈妈交给你的方法去养育小动物，如果遇到拿不准的时候，就来找妈妈商量。这样就能让小动物永远留在我们家了！"

儿子认真地点了点头。我见时机成熟，便找出事先从网上找好的关于乌龟的养育方法和图片，然后用通俗易懂的语言讲给儿子听。

经过这件事情，儿子以后不论养什么小动物，都很少出现死亡的情况，而且在我和先生的培养下，他掌握了不少养育小动物的经验和知识，这真是令人欣喜的一件事情。

如果因为孩子做了出格的事情，我们不追寻错误的根本原因就妄加批评，往往会错怪孩子。比如我们让孩子画一个太阳，孩子却画出了一个蓝色的太阳。如果此时我们立刻纠正孩子说这不符合常理，那么我们可能就无法听到孩子接下来会骄傲地说："我从海水里看到的太阳是蓝色的，所以我就把太阳画成了蓝色。"

再退一步说，如果孩子真的因个人原因犯了一些错误，身为家长也不应该直接提出批评。如果直接指责孩子，可能会激起孩子的叛逆之心，到时候他恐怕不仅不会接纳我们的建议，甚至还会直接抗拒。要想让孩子意识到错误并改正，最好的办法之一就是先肯定后批评。

美国心理学家詹姆士精辟地指出："人类本质中最殷切的要求是渴望被肯定。"孩子如果犯了错，只要我们不急于批评，先了解孩子的心路历程，然后赞扬孩子的某方面优点，完全可以让孩子认识到错误，引领孩子健康成长。

❦以孩子爱听的方式讲道理

每天晚上睡觉前，我都会和儿子进行十几分钟的"睡前谈话"，有时候聊一聊他在学校发生的事情，有时候说一说彼此内心真实的想法。有一次，我们聊到了自己最不喜欢的事情，儿子告诉我，他最不喜欢的事情，就是听我讲道理。

经儿子这样一说，我仔细回想了一下我给他讲大道理时的情形。开始几句还听得进去，可是到了后面基本上就是我在一旁唾沫横飞，而他人虽站在那里，思绪却早已经不知道飘向何方了。为此，我还曾多次责备他态度不端正。原来，压根不是态度的问题，而是人家压根就不喜欢，不喜欢又怎么能接纳呢？但是道理又不能不讲，怎么讲？只能以孩子爱听的方式去讲了。

　　第一次尝试，便是以讲故事的形式。有一天，我带着儿子在游乐场玩耍，因为想玩同一个小汽车，儿子与另外一个比他年纪小的男孩争抢了起来，因为抢不过，那个小男孩放声大哭。我连忙走上前劝阻儿子，希望他能够将小汽车让给小弟弟，但是儿子的倔脾气也上来了，梗着脖子对我说："是我先拿到的。"我对他讲"尊老爱幼"的道理，他却对我讲"先来后到"的道理。

　　当天回家后，我就一直在思索怎样将"爱幼"这个道理输送到儿子的脑海里。晚上，儿子拿着书让我给他讲睡前故事的时候，我灵机一动，不如就即兴编个故事吧。故事的内容是一个开始不知道谦让其他小朋友的小猪，在大树伯伯的启发下，变得谦让有礼，然后成了森林里最受欢迎的小朋友。故事讲完后，儿子似乎想到了白天的行为，立即向我承认错误道："妈妈，我今天不应该跟那个小弟弟抢汽车。你会不会因此不喜欢我了？"

　　看着教育的目的已经达到，我一把搂过儿子，笑着说："不会的，妈妈会因为你的行为而生气，但是绝对不会因此而不爱你。你是我的宝贝，我会永远爱你。"

　　听了我的话，儿子放心地睡着了。这是第一次，儿子没有对我所讲的道理表现出"逆反"的心理。但是随着儿子年龄的增长，他识破了我的"诡计"，当我再在他犯错误之后给他讲蕴含道理的故事时，儿子就会提出抗议："妈，你又变相给我讲道理！"于是，我再次回到了直接讲道理的道路上。可我发现，上了小学以后的儿子，想法更加独立了，不但会嫌我啰唆、唠叨，还会反驳我，大有一副"你不停止，我不住嘴"的趋势。

就在我一个头变两个大的时候，一句话拯救了我，那句话的大体意思是，给孩子讲道理前，不妨先理解孩子的行为。这句话让我茅塞顿开，是啊，我们并不是处在一个非黑即白的世界中，我们每次都把自己认为正确的道理强加在孩子身上，却忽略了孩子行为背后的真实想法，这样又怎么能不引起孩子的反抗情绪呢？

有了这点认知，当儿子对我说"妈妈，我不喜欢新来的英语老师"时，我的第一反应不是给他讲应如何"尊师重道"，应"用什么样的态度面对学习"这样的大道理，而是先用"共情"取得孩子的信任。

"是吗？这很正常。妈妈上学时，也有不喜欢的老师。"我一边择菜，一边不以为然地说。

这招果然管用，儿子连忙追问道："那你怎么做的？是不是想办法把他给气走了？"

在儿子满怀期待的眼神中，我令他失望地摇了摇头："我可没有那么大的胆子。"这样说，是为了告诉儿子，不要因为讨厌老师，就让自己变成一个淘气的孩子。然后我又接着说，"我顶多就是在他的课上打打瞌睡，开开小差而已。"

"那后来呢？"儿子不死心地接着问。

"后来我考出了历史最差的成绩，回家后被你姥姥狠狠地教训了一顿。"

"啊！"这显然不是儿子想要的答案。但是我的目的却达到了，通过我自身的经历，让他明白了即便不喜欢一个老师，也不能因此而耽误学习。

然后我适时地问道："你为什么不喜欢英语老师呢？"

"因为她取代了陈老师。"儿子撅着嘴说。

"那你打算怎么办呢？"我问儿子，可是等了很久，他也没有回答，因为他也不知道能怎么办，因为妈妈刚刚说过"不能让老师生气，也不能不听讲"，除此之外，还能有什么办法呢？

"那你不如再等等？说不定会发现这个老师也不错呢！"我建议道，然后又接着说，"我记得当初我讨厌的那个老师，在发现我成绩下滑后，不但没有批评我，还特地加班给我补课呢！"

果然，距离这次谈话还没有一周的时间，儿子就向我表示：他不再讨厌这个新来的英语老师了。

我曾经认为，讲道理是对付孩子最没有用的方法，但是后来我发现，并不是没有用，而是我们不会用，沟通的秘诀在于先理解和肯定对方，尤其是孩子，喜欢听肯定和表扬远远大过于批评和被讲道理。所以，当面对孩子不愿意听道理时，我们不妨先停下来，听听孩子的心声，然后站在孩子的角度去看待这个问题，最后再提出自己的建议，这样讲"道理"，相信每个孩子都会听进去的。

让孩子把话说完，不中途打断

在我身边有很多家长，都属于"只许州官放火，不许百姓点灯"的父母：他们要求孩子要"多听少说"，但自己却很少有耐心听孩子讲话；他们要求孩子"在别人说话的时候，不要插嘴"，但是却无法做到不打断孩子正在说的话。柳青就是这样一位妈妈。

那天，我接到柳青的电话，她说儿子离家出走了，让我过去帮她找孩子。原因是柳青的儿子将几个男同学的书包扔进了垃圾桶，被告到了老师那里，老师便将柳青叫到了学校。当着老师的面，柳青没有听儿子解释，就将儿子狠狠地骂了一顿，结果一出办公室，孩子就自己跑开了。

当我气喘吁吁地赶到柳青家中时，发现小家伙已经自己回家了，而柳青正在劈头盖脸地训孩子："我是让你到学校学习的，还是让你去惹是生非的？"

"我没有……"孩子欲开口解释，却被柳青粗暴地打断了。

"我养你这么大，说你几句就不愿意了，还离家出走！"柳青越说越生气，孩子想解释的欲望也越来越低，眼泪就在眼眶里面打转。

"你为什么不让孩子把话说完呢？"我走了过去，拉住柳青的手问道。

经过我的提醒，柳青才意识到，似乎应该给孩子一个解释的机会。"好，现在我就让你说说，你为什么把同学的书包扔进垃圾桶？"

"那几个男同学欺负班里的女生，把她们的书包放进男厕所，我看不过去，才把他们的书包扔进垃圾桶的！"孩子一脸正义地回答。

"你到了学校，不问问我就骂我。我一气之下就先跑了，但是走在路上又害怕你担心，所以又回来了！"

孩子一股脑儿将自己想说的话都说了出来，柳青听了孩子的心里话，也不再生气了，伸手在她儿子的头上摸了摸，表示出了她的愧疚之情。很多妈妈总是认为孩子年纪小，不懂事，因此不管遇到什么事情，都根据自己的主观判断下定论，对于孩子的解释，稍不如意就会打断孩子，轻则训斥，重则打骂，孩子只能将到了嘴边的话咽回去，往往到最后家长才发现事实并非自己想象的那样。

在亲子沟通中，妈妈总是沟通过程中主动的一方，因此常常会不由自主地指责、埋怨孩子，认为孩子做得总是不对，眼前的问题还没有解决，就又想起孩子一堆"不是"，认为孩子的一切解释都是"借口"，

因此"新账旧账"一起算，很少会静下心来，听一听孩子要说什么，或是让自己有足够的耐心让孩子把话说完。人的思想往往需要通过语言表达出来，如果妈妈不愿意倾听孩子的心声，怎么可能全面地了解孩子呢？不了解孩子，与孩子沟通时又怎么会顺畅呢？

因此，当孩子犯了错误时，与其呵斥、打骂孩子，不如耐心地听孩子解释一下，让他把理由说出来。其实，有时候孩子并不是我们想象的那样。即使孩子真的做错了，我们也不要大骂一通，而是应该与孩子一起分析事情的对错，一起寻找正确的解决方法。这样，孩子才能够正确认识到自己的错误，并虚心接受我们的批评和建议。

著名教育家周弘说过："要想和孩子沟通，就必须学会倾听。倾听是和孩子有效沟通的前提。不会或者不知道倾听，也就不知道孩子究竟在想什么，连孩子想什么都不知道，何谈沟通？"

有一次，我跟儿子在公园里散步，当我们谈到理想时，儿子忽然兴奋地对我说，他想做一名小偷。初听到这个答案我吃惊不小，以为是最近看的一个关于"神偷"的电视对儿子产生了不良的影响，当下就决定好好地引导儿子一番。但看着儿子一脸天真无邪的样子，却突然强烈地想弄清楚儿子怎么会有如此想法，或许他跟我想得不一样呢？这个念头闪过之后，我将到了嘴边的话，又咽回到了肚子里。

还没等我问"为什么"，儿子自己就说开了："如果当了小偷，就能给失明的老奶奶偷一缕阳光，还能给路边挨冻的乞丐偷一些温暖……"儿子滔滔不绝地说了很多，我再一次吃惊不小，这一次却是为了儿子丰富的想象力。

如果我一开始没有忍住自己的脾气，粗暴地打断儿子的话语，不但会让孩子感到万分委屈，而且以后他再有什么新奇美妙的想法，也不会分享给我了。

孩子的心灵都是纯洁而真诚的，不加任何掩饰，当他们表达出一些令人气恼的想法时，作为妈妈，我们首先要做的，就是先听听孩子接下来会说些什么，千万不要自以为是地打断他们的话语。著名教育家蒙台梭利说过："对成人而言，儿童的心灵是一个难解之谜。我们应该努力地探寻隐藏在儿童背后的那种可理解的原因。没有某个原因，某个动机，他就不会做任何事情。"

从另一个方面来讲，孩子虽然小，但他们也希望自己能尽情地表达内心的感受，阐述自己真实的看法。给孩子话语权，耐心地听孩子把话说完，不中途打断孩子，其实也是在提高孩子的语言表达能力，而语言表达能力又是社会交往能力的重要体现。一个自己说的话总是能够被妈妈重视的孩子，他的自我表达能力会越来越棒，反之则会越来越差，这会直接令孩子在与人交往时出现社交障碍，久而久之就会产生自卑情绪，而变成一个沉默寡言、不善言辞的孩子。

为了与孩子建立起顺畅的沟通，我们就要时时刻刻地提醒自己："让孩子把话说完！"只有这样，才能让孩子感受到妈妈的重视，才能真正与妈妈做朋友。

第三章

与孩子一起面对挫折

看淡荣誉，有效避免孩子受伤

帮孩子战胜羞怯这只"拦路虎"

告诉孩子，这个世界有残缺

赢了高兴，输了也没什么大不了

"狠心"的挫折教育

不要剪掉孩子勇敢的翅膀

乐观是挫折的"天敌"

看淡荣誉，有效避免孩子受伤

不知道从什么时候起，成人之间的竞争延伸到了孩子们之间。从出生起就要喝进口奶源的牛奶，似乎这样智力才能高人一等；从幼儿园起就要上重点，似乎这与今后能不能上清华、北大有着直接的关系。我也曾是这队大军中的一员，从儿子出生起，他的吃喝用度我全都尽自己所能给他最好的，生怕孩子从一出生就输给别人。每次经过重点小学，看见那些穿着校服并然有序地从校门出来的小学生，我就觉得他们头上闪耀着"荣誉"的光环，他们日后必定成才。直到一件事的发生，彻底改变了我的看法。

那时候我的儿子还小，但是朋友莹莹的女儿已经要上幼儿园了，为了让孩子能够上重点幼儿园，夫妻俩提前一年就开始筹备，各种想办法，结果都没能达成目的。逼不得已之下，二人一合计将新婚才买的房子卖了，然后买了一处二手的学区房，这中间的曲折与《虎妈猫爸》中赵薇夫妻为了女儿上学所做出的努力有过之而无不及。原以为"万事俱备，只欠东风"了，却没想到那一年幼儿园忽然改变了选拔方针，由"划片"改为"考试"。尽管莹莹在孩子考试前为孩子"恶补"了不少知识，但是孩子还是没能在幼儿园的面试上过关。

当天，我坐在他家狭小逼仄的客厅里，听着他们夫妻二人长吁短叹，我劝说道："上其他幼儿园也是一样的！"却没想到此话一说出口，一直坐在一边小板凳上看童话书的孩子忽然大哭起来，那伤心程度不亚于自己最喜欢的洋娃娃被送了人。

孩子的哭让我们都感到莫名其妙，细问之下，才从孩子断断续续的语言中得知，孩子不愿意上普通幼儿园，因为那会让她感到很丢人。孩子的哭声忽然唤醒了我：这么小的孩子，她怎么能懂得幼儿园的好与坏，并能够理解何为"丢人"呢？这种"要强"的心态，难道不是父母转嫁给她的吗？父母为孩子所做的忙碌与努力，孩子全部看在眼睛里，从而在不适宜竞争的年龄，被卷入无节制的竞争中；在尚不具备抗挫折的年龄，被成年人搞得心理失衡。这势必会造成孩子过度看重荣誉，如果不能达成所愿，就会产生"挫败感"。

转眼间，儿子也到了上幼儿园的年龄，我并没有像朋友一样一定要让儿子上重点幼儿园，只是为了大人接送方便，将儿子送往了离家最近的普通幼儿园。当我正为儿子没有卷入到这场"幼儿园竞争"的漩涡而

庆幸时，儿子幼儿园的老师给我打来了电话，儿子发烧了。

我火急火燎地赶到了幼儿园，一眼就看见了蜷缩在角落里的儿子，他依旧穿着厚厚的羽绒服，趴在桌子上没精打采的。我抱着孩子就去了医院，经过诊治，儿子竟发烧到40度，医生先是说幸亏送来得早，接着就开始批评我了，"孩子烧这么高，你是不是给孩子捂太多了？"说完，指了指儿子身上的棉衣，而我自己早已经热得将衣服脱掉拿在手里了。

此时，我才想起问儿子为什么在幼儿园里不愿意脱衣服，儿子这才告诉我，因为他怕穿衣服影响速度，让他没办法第一个出教室举旗子。我忽然想起，每次去幼儿园接儿子，儿子都是站在队伍的最前面，然后手中举着一个小红旗，那样子别提多神气了，我还为此特地夸奖过他。却没有想到，儿子为了举那面小旗子，每天上课宁可热着，也不肯脱衣服。

儿子的举动让我哭笑不得的同时，也意识到了，虽然我刻意淡化了"竞争"的意识，但是对孩子而言，那面小红旗就意味着"第一"，意味着"荣誉"。相信每天放学后，孩子们都会拼命地尽快收拾好自己的东西，然后去抢那面小红旗，也正是如此，才"逼"我儿子想出了"不脱衣服"的"绝招"，儿子不肯跟老师说明也是这个原因，他怕老师告诉其他人，怕自己会失去这个"荣誉"。我想老师的本意是好的，意在鼓励孩子们动作麻利，不拖拖拉拉，但是却无形中让孩子们感受到了"竞争"的压力。家长们又何尝不是如此呢？家长是好意，以为这样孩子就能沐浴在"荣誉"的光环中长大成人，殊不知，让幼小的孩子去竞争，不是在给孩子添加助力，而是给孩子的成长使绊子。那些在竞争焦虑氛围下长大的孩子，那些被迫进入竞争轨道的孩子，相比较那些在轻松环境下长大的孩子，更容易出现无力感、自卑感和心理失衡，而这些都将成为他们成功路上的"绊脚石"。

事后，我试图说服儿子上课期间脱下棉衣，否则还会生病，但是儿子却死活不愿意。眼看着我的耐心就要一点一点被消磨掉，先生一语点醒了我，他说："问题的根源不在孩子身上，你试着跟幼儿园老师谈谈，看能不能换一种举旗子的方式。"是呀，如果不让最快的那个人举旗子，那儿子上课穿着棉衣不就没有任何意义了吗？

第二天，我就向老师说明了这件事。得知孩子生病的原因竟与举旗子有关，老师愧疚不已，并承诺一定想出一个更好的办法来。后来儿子终于肯脱掉棉衣上课了。

这样的行为，在儿子后来的成长中，我又做过几次。比如：诚恳地要求老师适当减少给儿子的小红花数量，并尽量减少当众表扬儿子，甚至有一次还希望老师不要总是让儿子担任一些主持人、班干部之类的角色，相比较这些，我更希望老师能够多让孩子参与到社会活动、体育劳动中。起初，老师们对我的要求都感到很不可思议，因为还没有家长这样要求过。在短暂的诧异之后，老师们都非常赞同我的做法，并且配合得很积极。

开始的时候，儿子因为小红花没有其他小朋友多而失落了一阵子，也会因为没能得到老师的表扬而心有不甘，但每次我都会耐心地开导他，告诉他那并不重要，重要的是他努力过了，而努力是为了让自己更加优秀，而不是为了得到某种奖励。英国教育家尼尔说过："所有的奖品、分数和考试都会妨碍正常性格的发展。"社会心理学研究也证实，竞争是挫折的重要来源之一，痛苦和挫折常常引起敌意。

  庆幸的是，在我不停地人为制造"麻烦"后，儿子在一年级下半学期落选班长后，并没有表现出多大的失落，反而有种"自得其乐"的洒脱，用他的话说，节省了为班集体效力的时间，却多了自己玩耍和学习的时间，未尝不是一件好事。

帮孩子战胜羞怯这只"拦路虎"

在一次周训练营的活动中，为了让孩子们尽快熟络起来，我组织了一个"破冰"游戏。对于游戏，孩子们都很热衷，但是有一个小男孩，却死死拽着妈妈的衣角，要求妈妈跟他一起上来做这个游戏。他妈妈看了看其他的家长，不是坐在一边观看，就是拿着手机给孩子拍照，所以拒绝小男孩道："这个游戏不允许大人参加，所以妈妈不能陪你去。"

孩子的眼中流露出对游戏的渴望，但是行为上却依旧不敢向前走一步。看着大家都在等他，小男孩的妈妈有些着急了，不停地用手推着小男孩，说："快点去呀，就等你了。"可小男孩的妈妈越是这样做，小男孩就越向后退。

"你看你，怎么这么胆小呀？"小男孩的妈妈不满地批评道。

可是这句话并没有起到任何实质性的作用，小男孩不但没有向前走一步，反而还躲到了妈妈的后面。

"你要这样，下次别来了！"小男孩的妈妈有些生气了，她使用了典型的负面语言。听到这样的话，小男孩彻底地放弃了"挣扎"，他不再时不时地看一下台上，而是完全低下了头。

在这个时候，家长很着急，但是孩子的心里也并不好受。如果家长在这个等待的过程中感觉到十分丢脸的话，那对孩子而言，就是一种煎熬了，如果地上有缝，我想他会毫不犹豫地钻进去。曾经有个九岁的小女孩，在谈起害羞时的感觉时，说道："那感觉就像是被某种魔力控制着，快要窒息了。"可见，害怕、羞怯对于孩子而言，是一种极为不舒服的体验。

于是，我走到一个年龄较大，看起来很有"安全感"的男孩面前，附在他耳朵上，悄言了几句，大男孩走到了那个小男孩的身边，伸出手对小男孩说："我陪你一起去。"大男孩的表情真挚，话语诚恳，小男孩思索良久，终于试探着将手伸了出来。

从心理学的角度来看，羞怯是一种情绪，每个孩子都有过羞怯的经历，只是时间长短不同而已。对于孩子而言，偶尔的羞怯是十分正常的现象，但是不管遇到什么事情，都用害怕与羞怯来面对，那就需要我们及时地引导孩子了，否则这种羞怯的心理会陪伴孩子一生，让孩子无法面对成长过程中的种种挑战。羞怯会让孩子不敢与其他孩子一起玩耍，会让孩子不敢在课堂上举手发言，会让孩子不敢高声说话，还会让孩子失去自信，在困难面前畏畏缩缩。更重要的是，大部分羞怯的孩子，他们并不是不会或是不懂得如何解决眼前的问题，相反，他们可能更加聪明，而且也更加渴望成功，渴望拥有更多的朋友，只是他们不敢，因为他们害怕失败，害怕被人嘲笑。而这些"失败"与"嘲笑"仅仅是孩子们臆想出来的"假想敌"。

如果孩子总是沉浸在这种想象的"困难"中，不敢迈出前进的步伐，又怎么能够做到战胜真正的困难，取得成功呢？心理学家伦尼·哈得逊博士，在治疗了许多害羞、胆怯的人后，得出结论：面对孩子们的羞怯，强制与逼迫只会让情况更加糟糕，其实，他们更加喜欢鼓励。

对于羞怯的孩子而言，他们总是喜欢盯着或是放大自己的不足和缺点，而对自己取得的进步视而不见，或是觉得不足挂齿；这跟自信的孩子恰恰相反，自信的孩子会更多地关注自己的优点和进步，而非自己的缺点与不足。而羞怯与自信之间的距离，跟家长平日里的引导不无关系。当家长总是揪着孩子的缺点和不足时，孩子也难以对其视而不见，而当家长淡化孩子的缺点和不足时，孩子就会拥有一颗平常心。家长能够淡化孩子缺点和不足的根本，在于家长心中能不能够对孩子发自内心的欣赏。

我有一个从小一起长到大的朋友，她并非那种出类拔萃的女孩，但是她对自己的认可度却非常高。小时候，学校组织文艺会演，她总是毛遂自荐的那一个。而比她特长多的同学有很多，有她这样勇气的却很少。长大后参加了工作也是如此。虽然无论是在学校里，还是在公司

里，她都没有成为最好最优秀的那一个，但是她身上的自信，却让她一直生活在快乐和幸福中。

这一切皆源于她有一个让人羡慕的妈妈。在我的印象中，每当她的妈妈谈及她，谈论的都是对她的肯定，不是说她心灵手巧，就是说她乖巧懂事。而所谓的心灵手巧，不过是用废纸折了一只小船，所谓的乖巧懂事，不过是将吃完的瓜子皮倒进垃圾桶。这些在其他父母眼中理所应当的事情，在她妈妈的眼中，都是女儿身上的闪光点。

一个总是能够得到父母肯定和鼓励的孩子，他想不自信起来都难。而一旦孩子自信了，他心里的那些"假想敌"都会统统消失不见，他不再害怕自己会失败，不再害怕自己会被别人嘲笑，因为他认为自己能够做得很好，并会得到别人的肯定，就像得到妈妈的肯定一样。

告诉孩子，这个世界有残缺

　　对于虚假、丑恶、暴力、死亡和血腥，我们总是讳莫如深，尤其是在孩子面前，我们总是试图掩盖这个世界的黑暗面，以为这样就能让孩子享受阳光普照的温暖。但我们却不曾想到，一味接受阳光普照的人，当有一天让他去面对黑暗时，他又该怎么办呢？

　　不管是在父母的口中，还是在电视上、书本上，要么坏人就是不存在的，即便存在也总是能被好人制服，然后被关进大牢。可在现实生活中却并非总是如此。与其遮遮掩掩、欲盖弥彰，倒不如用客观的态度，让孩子在相信世界是美好的同时，让他们知道在这美好之中也会有残缺的存在。

　　我的儿子在成长过程中，曾经"丢"过一次，当时那种"失去"的

恐惧，至今想起依旧能够让我冒出一身的冷汗。那天，我因为有事耽误了接孩子放学的时间，当我赶到学校时，儿子却没有在原先商定好的地点等我，我找遍了整个校园，问遍了所有的老师，都没有发现儿子的身影。顿时，脑袋就开始嗡嗡作响，感到阵阵晕眩，我哆哆嗦嗦地掏出手机，把这一切告诉了先生。不到十分钟，先生也赶到了学校，我们报了警，然后先生沿着学校周围寻找，我回家等待，也许儿子会自己回家。

就在我回家坐立不安地等了大约半个小时后，隐约听到了敲门声，我一个箭步冲到门口，打开门，儿子站在门外，书包带斜掉下来，校服的拉锁也被扯开了。儿子看到我，小嘴撇了撇，不等我开口询问，他先哭了起来。刹那间，之前产生的恐惧、焦虑、担忧、生气……在那一刻全部化为了心疼，我连忙将儿子揽进怀里。

等儿子的情绪平复了，他才给我讲起了从放学到回家这段时间内发生的事情。原来，儿子放学后就站在学校门口等着我，就在大家都走得差不多的时候，他看到一个小孩坐在路边哭，一向热心的儿子连忙走上前去，一问得知这个小孩和妈妈一起出门，但是却在半路跟妈妈走散了。儿子一听，便拍着胸脯说："哥哥送你回家。"就这样，顺着小孩星星点点的记忆和并不完整的叙述，儿子带着小孩在街上兜兜转转了好几圈，也没能将小孩的家找到。情急之下，儿子忽然想到了警察叔叔，于是便带着小孩站在路边等待，等了很久，才看到一辆警车经过，儿子连忙将警车拦了下来，然后将小孩托付给了警察，当警察表示要送他回家时，儿子却拒绝了，因为儿子以为我还在学校门口等他。然而，出乎儿子意料的是，当他返回学校的时候，却没有看见我的踪影，等了许久，儿子才决定自己走回家。

听完儿子的叙述，我浑身再次冒起了冷汗，脑海里涌出一堆拐卖儿童的新闻：很多人贩子为了引诱小孩上钩，会故意用孩子做诱饵，谎称自己找不到家了。这时，无论其他孩子还是大人伸出援手，等待他们的都是即将被拐卖的陷阱。如果今天那个小孩也是"诱饵"，那我恐怕就再也看不到我的儿子了。想到这里，我把儿子抱得更紧了，生怕失去他。

事后，我进行了反思。儿子很小时，我便教育他要做一个好人，而对于这个世界上存在的坏人，我却绝口不提。我天真地以为，只要我保护得够好，儿子就不会遇到坏人，甚至以为当孩子成长到一定的年龄，他自然会认清这个世界，并自然而然地生发出抵御"丑恶"的免疫力。而我却忽略了，每天网络上出现的那么多被拐卖的孩子，或是被陌生人伤害的孩子，他们又何尝不是跟我儿子一样，但是他们却没有随着年龄的增长而加深对这个社会的认识，反而会因为太过纯真而听信坏人的话。

那天以后，我便有意无意地让孩子接触一些世界不完美的一面，比如战争、欺骗、虚假、丑恶等。当然，儿子起初也会无法接受，但是我会告诉他，我们既然享受着阳光的普照，那就得接受阴影的存在。太阳再厉害，也总有它照不到的地方。渐渐地，儿子不再天真地以为世界上都是好人，坏人都被警察抓起来了，他明白世界上还有很多坏人，但是也明白好人更多。

人生也好，生活也好，有时候就犹如一枚硬币，有A面，就有B面，我们不能只让孩子看到A面，却不让他们看到B面。世界本身就是不完美的，存在着不尽人意的遗憾和丑恶，孩子对此需要有免疫力，这样他们才能拥有克服社会中种种不如意的能力，才能知道在大千世界中如何进行自我保护。

赢了高兴，输了也没什么大不了

一次，同事带着孩子茂茂到我家做客，茂茂的年龄和儿子差不多大，当得知儿子也在学习围棋时，俩小孩嚷着要对弈一盘，我们两个妈妈则坐在一边观战。

棋盘摆好后，茂茂握着小拳头，信誓旦旦地对他妈妈说："妈妈，你看着，我非把他打得落花流水不可。"面对茂茂的豪言壮志，儿子撇了下嘴说："谁赢谁输还不一定呢！"因为有言在先，所以一开局，两个小男孩就陷入了紧张的"厮杀"当中。

我虽不懂围棋，但是也能看出茂茂求胜心切，对我儿子步步紧逼，而儿子则采取迂回的战术，并不跟茂茂纠缠。就这样，茂茂从一开始的略占上风，到后来与儿子持平。当茂茂又被连续吃了三子时，茂茂有些着急了，连忙挡住儿子捡棋的手说："等会儿等会儿，刚刚我没想好，这步棋不算。"面对茂茂的悔棋，儿子大度地接受了。但是没下两步，茂茂又要悔棋，这次儿子不愿意了，说道："死棋落地。"见儿子拒绝了，茂茂只好怏怏不乐地继续下。

下到最后，一张棋盘上摆满了儿子的白色棋子，茂茂拿着一颗黑棋，迟迟不敢落下，因为棋盘上大部分都已经是儿子的"领地"了，不管他这颗棋子落在哪里，都要面临被吃的危险。想了半天，茂茂也没有想到该放在哪里，他有些气急败坏了，将手中的棋子往棋盘上一扔，将原本黑白分明的棋盘打得乱成一团，并说道："不玩了，真没意思！"

眼看着就要胜利了，却被对手搅了局，儿子也有些生气了，站起来指着茂茂说："你玩不起！"为了阻止事态变得严重，我立刻搂住儿子的肩膀说："儿子，这只是一场游戏，输赢都没有关系。不如你跟茂茂一起玩乐高玩具吧。"

儿子虽然不太乐意，但还是接受了我的意见。但是没过多久，两个小男孩又再次争执起来，原因就是茂茂总是拼不好手中的乐高，就说儿子拿的比他的简单，所以一定要跟儿子换着拼。而马上就要拼好的儿子，自然不愿意将"胜利果实"拱手相让。

最后，茂茂的妈妈只好带着茂茂匆匆地离开了我家。而儿子在短暂地生闷气过后，又开心地独自玩起来。

"输不起"几乎是每个孩子与生俱来的特点，不管是在一场游戏中，还是在一场比赛中，赢了就会很高兴，输了就会难过，甚至哭闹。

但是由于能力有限，孩子不可能永远都是取得胜利的角色，当他们发现不管自己怎么努力，都无法赢时，发脾气、哭闹就成了他们的宣泄方式。所以，在儿子很小的时候，我与他一起玩游戏时就会故意输掉，然后无所谓地说一声："输了就输了，没什么大不了。"这并不是在满足孩子好赢的心理，而是想通过我的实际行动，告诉孩子，输了也没有什么大不了。

在我这种"没什么大不了"的心态下，儿子也懂得了输了并没有什么。他上幼儿园的时候，有一次跟邻居的彤彤一起搭积木，两个孩子比赛谁的积木搭得高，彤彤搭得快，很快就比儿子的高出了一大截，就在儿子追赶彤彤的过程中，他一个积木没有放稳，导致刚刚搭的"高塔"坍塌了。听着"哗啦"一声，我的心都为之一震。彤彤见了，无不可惜地说道："你的倒了。"结果儿子却说："倒了就倒了，没什么。"说完，又重新开始搭。

但是这种办法只适用于孩子还小的时候，在他们不懂得输赢之间的差别时，他们会很容易接受"没什么大不了"的观念，但是当孩子长大一些的时候，他们能够清楚地认识到"输，说明自己的能力不足"时，他们就不会觉得没什么大不了了，因为他们的自尊心会受到挫折。

这个时候，我们就应该及时告诉孩子"为什么输了也没什么大不了"，因为输了不但可以重来过，还能够让我们在输的过程中看到自己的不足，并将这些不足改正。比如搭积木这件事情，因为第一次搭的倒塌了，孩子才能知道，下一次搭的时候要将每一粒积木都放稳，才能越

搭越高。换言之，就是"失败乃成功之母"，没有失败，何来成功呢？

也正因为有了这样的认识，儿子在一次竞选班干部中落选了，他不但没有表现出沮丧，还从中总结出了自己落选的原因，比如：在班里自己总是习惯等别人先去做某件事情，自己再去做，所以没有起到带头的作用；在老师提问时，没有积极举手发言等。

经过这样的总结，儿子在学校的表现有了很大的改变。所以在第二次竞选班干部时，儿子得到的支持票数远远大于了第一次，虽然没能如愿以偿地成为班长，但是老师也让他做了宣传委员。

"狠心"的挫折教育

第一次听到"挫折教育"，还是从一个三岁小女孩的妈妈口中听到的。所谓"挫折教育"，就是将孩子推出去，让其遭遇一些挫折，以此达到锻炼孩子承受挫折的能力。

那是在一个夏天，吃完晚饭后，我坐在长椅上看着不远处正在斗陀螺的儿子。这时，一个留着一头卷发的小女孩出现在我的视线里，小女孩手里费力地拿着一根又长又粗的木棍，追在两个七八岁的小男生后面，喊着："哥哥，等等我。"可是那两个小男生就像没听见一样，继续向前跑着，不一会儿，那两个小男生跑得没影了，小女孩儿也追得没影了。

又过了一会儿，长椅后面传来了窃窃私语声："蹲低点，别让她看

见了。"另一个声音说："过来了，她又过来了。"我循声转过身去，发现躲在长椅后面的，就是刚才跑掉的那两个小男生，他们在躲谁呢？我心里正疑问着，刚才那个小女孩也跑回来了，手里依旧拎着那根大木棒。见到那个小女孩向这边跑来，两个小男生猛地一下站起来，扔下一句："又追来了，真烦人！"说完，再次跑开。

小女孩发现了目标，继续锲而不舍地边追边喊道："哥哥，你们等等我。"在路过我的身边时，一直坐在我身边看书的女士忽然叫住了女孩："航航，先过来喝口水。"小女孩听话地过来猛喝了几口水，然后又继续朝着小男生消失的方向追去。

当我回过神来的时候，小女孩都已经跑远了。"那是你女儿啊？"我有些不相信地问旁边的女士。

"嗯，对啊。"女士合住书，抬起头来笑着回答我。

"真可爱，头发还是卷的。"我心中有疑问，却不知道该怎样开口问，难道她没有看到自己的女儿在受委屈吗？我要不要告诉她呢？就在这时，小女孩又跑过来了，依旧拿着那根木棍，站在那里东张西望了半天，才走到自己妈妈身边，问："妈妈，你看到那两个小哥哥了吗？"

"没看见，他们没有跑过来。"孩子的妈妈看着孩子的眼睛，认真地回答，顺手帮孩子理了理被汗湿透的头发。

孩子听到妈妈这样回答，只好自己离开去寻找。回过头，孩子妈妈看到我诧异的目光，无奈地笑了笑说："她想跟刚才那两个小男孩玩，但是人家嫌她小，不愿意带她。"

　　原来孩子妈妈把一切都看在了眼里，"那就别让孩子在后面追了，拿着根大木棍，万一摔着可麻烦了。"我忍不住说，如果换作是我，可能就会伸手拦下女儿，因为我不忍心看着自己的孩子被他人这样冷待。但是孩子妈妈的回答，却给我上了一课，她说："现在家里都是一个孩子，所有的大人都宠着她，她说什么是什么，这样又怎么能承受得了挫折呢？让她到外面受点挫折，未尝不是一种教育。"

　　"那你不心疼吗？"我脱口问出。

　　"当然心疼啦！"孩子妈妈陡然提升了分贝，"可是心疼管什么用啊，我又不能代替她长大，如果这点挫折都接受不了，以后怎么办？"

　　我顿时语塞。

　　这时，小女孩又跑回来了，还是没有扔掉那根棍子。"妈妈，我找不到那两个小哥哥了。"小女孩既着急又难过，因为奔跑，她的小脸累得红红的，长长的睫毛下面一双大眼睛忽闪忽闪的，里面装满了晶莹的液体，满得就快要溢出来了。

　　"可能是哥哥们回家了。"孩子妈妈并没有道出实情。

　　小女孩失落地低下了头，哽咽着说："他们说要够桃子的，所以我去找木棍，等我找到木棍，他们又不在了。"孩子的妈妈没有说什么，只是静静地听着。但仅一会儿的工夫，笑容就再次出现在孩子的脸上，"妈妈，那你帮我够桃子好不好？"说完，吃力地举起了手中的木棍。

　　"好啊，但是妈妈不知道能不能够得下来……"

　　"没关系！"

母女二人的声音随着她们的脚步声渐行渐远，我一人坐在长椅上回味着刚才那一幕。那么娇小可爱的小女孩，却被两个小男孩嫌弃，并被哄得团团转，作为毫无关系的旁观者，我都感到了心疼，可想而知孩子的妈妈心里一定更加不好受。但是她却能安如泰山般坐在一旁看书，看似狠心，可这狠心的背后又何尝不是一种深切的爱呢？

现在的孩子，生活条件好，受到的呵护多，这原本是一种幸福，但这幸福的背后却充满了陷阱，因为这样极容易使孩子变成一个自我膨胀、虚荣的人，对凡事都挑剔，并且心胸狭隘。父母的呵护会让孩子形成这样一个心理惯性：别人一直将我当宝，你凭什么当我是草？当这种惯性大到一定的程度，就很难再改变过来。就如在顺境中待久的人，无法适应逆境的反差一般。所以，我们可以在适当的时候对孩子进行一些"狠心"的挫折教育，以便让孩子能更好地适应以后的生活。

不要剪掉孩子勇敢的翅膀

网上流传一篇文章叫《你剪断了我的翅膀，还怪我不会飞翔》，旁边的配图是一对父母正在用剪刀将孩子背后的翅膀剪掉。文章的大体意思是，在孩子小的时候，父母对孩子极力呵护，当孩子长大后，面对挫折不知如何是好时，家长却怪孩子不够勇敢。现在大多数孩子都是独生子女，受到大人的无限宠爱，有些父母宁可自己历尽磨难，也不忍心让孩子吃一点点苦，受一点点累，千方百计为孩子铺垫人生坦途，以为这是爱孩子，而实际上，这就是用"剪刀"剪断了孩子那双"勇敢"的翅膀，那把剪刀，就是"溺爱"。

心理学家阿德勒认为，对儿童的溺爱与娇纵，是孩子产生错误行为的主要原因。许多父母把孩子当作掌上明珠，不想孩子受到任何委屈，

在孩子遇到困难时，主动帮助解决，满足孩子一切要求。长期在溺爱环境中长大的孩子，习惯性地认为自己天生与众不同，遇到自己办不到的事情时，就会向他人发号施令，因为他们在家里也总是对父母"发号施令"，在他们的世界里，"只要我做不到，别人就应该帮我解决。"因此，当他们遭遇了挫折，却没有人将目光放在他们身上，或是没有帮助他们的时候，他们就会觉得世界不公平，然后宁可蜷缩在一个自己为自己营造的"公平"氛围中，也不愿意勇敢地再次"出击"。一个缺乏勇敢精神的孩子，不能与人竞争，不适应激烈的社会环境，就像温室里的花朵一样无法经历风霜，经不起挫折和打击。这难道是我们想看到的结果吗？

其实，生活中大大小小的逆境都是磨炼孩子毅力和意志的运动场，是让孩子勇敢地向前奔跑，还是扶着孩子一起前行，这取决于我们愿不愿意放下手中的"剪刀"。

暑假的一个午后，儿子与几个小男孩在院子里斗陀螺。起初他们还玩得挺好，但不一会儿就有争吵的声音传来。从他们的争吵声中，我听出原本儿子和其他三个小男孩玩得很好，但是又加进来一个小男孩，新来的小男孩与那三个小男孩关系更好一些，所以他们不想让儿子参与到他们的游戏当中了。儿子当然感到不服气，梗着脖子站在他们几个中间，就是不愿意离开。我远远地看着其中一个小男孩已经挥起了拳头，似乎想用武力解决掉这个麻烦，但儿子却丝毫没有让步的意思。

当时我的心就提到了嗓子眼儿，几乎抑制不住挺身出面，要求那几个孩子带着儿子一起玩的冲动，但是以后呢？毕竟家长只能够陪伴孩子一程，却不能保护他一生。当有一天，儿子离开了我的"羽翼"，他又如何面对这些呢？

就在我有些手足无措时，从远处走过来一个小男孩，他远远地就开始喊儿子的名字，想来应该是经常跟儿子一起玩的孩子。听到了有人呼唤自己，儿子才离开了那群孩子，与自己的小伙伴另找了一片空地玩了起来。

我虽然并不鼓励儿子打架，但是我很赞赏儿子这种直面"拳头"的勇气。能够在成长的道路上勇敢向前奔跑的孩子势必会遇到挫折，但这没什么，这是他人生的必经之路。就算是摔倒了也要让他自己爬起来，做错了事让他自己去承担后果。只有让他在克服困难中感受挫折，认识挫折，才能培养出他们不怕挫折、敢于面对挫折的勇气。

🧺 乐观是挫折的"天敌"

一个美国医生，曾做过这样一个实验：他用水和糖粉再加上某种色素调制成了一种"安慰剂"，然后让患者服用。因为患者对这个安慰剂保持乐观的态度，相信它的药力，90%的患者都因为这个安慰剂使病情得到了减轻，甚至还有一部分人因此而痊愈。尽管医生开的这个药方并不具备任何药力作用，但是他却充分证明了乐观的作用，这其实就是一种心理暗示。

还有一个相反的例子。一个搬运工人被意外地关进了一间冷库里，他意识到，如果自己出不去，就会被冻死。20个小时过去后，当人们打开冷库的大门，发现了这名工人的尸体，从尸体外观上看，他确实是被冻死的，但那天冷库的冷气开关并没有打开。可以说，是他的悲观冻死了他。

　　这就是乐观的力量和悲观的后果。一个乐观的孩子，挫折在他面前就会变得微不足道，相反，在一个悲观的孩子眼中，挫折就犹如一座大山，压得他喘不过气来，令他没有前进的勇气。战胜挫折的方式有很多，勇敢、坚强、执着……而首当其冲的是乐观。因此，我们要培养孩子战胜挫折的精神，首先要让孩子成为一个乐观的人。

　　有一个名叫豆豆的小男孩，因为学习成绩差，经常被年轻又负责的班主任留校，将当天学习的知识再温习一遍。在学校里，经常被老师留校可不是一件光荣的事情，因为只有那些"差劲儿""没用"的孩子才会被留校。所以班里的同学时常在背后嘲笑豆豆，有一次这些嘲笑的话语传到了豆豆的耳朵里，让豆豆感到很苦恼。豆豆的爸爸知道这件事情后，是这样安慰豆豆的："老师工作了一天，已经非常辛苦了，她还要抽出时间为你补课，就更加辛苦了，她是希望你的成绩能够越来越好，所以你应该谢谢老师。"

　　豆豆想了一晚上，他觉得爸爸说得对，所以再次被留下补课时听得格外认真，他不想让老师的辛苦白费了。有一天，豆豆回家后对爸爸说，他想带一些吃的到学校，因为每次补完课，他都会感到饿。爸爸十分爽快地答应了豆豆的要求。第二天，爸爸对豆豆说："当你饿的时候，老师肯定也饿了，所以爸爸给你准备了两块蛋糕，到时候你可以和老师一起吃。"

　　豆豆带着两块蛋糕高高兴兴地上学去了，当天就把蛋糕分给了老

师，据说老师感动得眼泪汪汪。从那以后，豆豆的爸爸每天都会花些心思为儿子准备小糕点，然后让儿子带到学校和老师一起吃。孩子的纯真打动了老师，老师不但也经常带一些吃的给豆豆，还越来越喜欢豆豆，并且对豆豆越来越好。

渐渐地，关于豆豆"因为成绩差而被留校"的传言没有了，取而代之的是"老师给豆豆开小灶"。同样的事情不同的说法，效果也就不同了，起初豆豆被同学们嫌弃排斥，现在反而成了大家羡慕的对象了。当然，一起改变的还有豆豆的学习成绩，以及他面对困难时的态度。

豆豆的爸爸叫军，是我为数不多的异性朋友之一，前几年他跟妻子因为性格不合离婚后，就独自带着儿子生活。豆豆没有像一般离异家庭的孩子一般，变得消沉叛逆，我想与军的教育有很大的关系。

军在这件事情上最大的成功，就在于他教会了孩子如何乐观地去看待问题。他让孩子懂得了老师是为了自己好，明白了通过补课自己的成绩就能进步这些正面的信息。所以，孩子才能够从失败中看到进步，从挫折中得到成长。

第四章

孩子的学习需要帮助

培养孩子良好的学习习惯

阅读让孩子更加聪慧

学习的自律能力来自零钱管理

别给孩子增加学习压力

专注力提升，学习效率翻倍

适当尊重孩子自己的学习方法

把数字融到生活中，让孩子爱上数学

保护好孩子的想象力，写作文不发愁

从兴趣入手，英语变得 So easy

培养孩子良好的学习习惯

　　儿子上小学一年级的第一天放学回家，就满脸愁容地问我："妈妈，是不是上小学以后，就会考试？"

　　"对呀。"我回答道，"只有这样，老师才能知道你有没有将学习的内容掌握好。"

　　"那是不是考完试老师就会给得分，得一百分的就有油条和鸡蛋吃，得零分的就什么也吃不着了？"儿子又问。

　　"这是谁告诉你的？"儿子的天真让我觉得十分有趣。

　　"是新认识的小朋友告诉我的。"儿子说，在儿子的脸上，我丝毫看不到哪怕一丁点的笑容，可见他并不是在开玩笑，而是实实在在地开始为考试而担忧。看着儿子那张充满稚气的脸，我忽然有些心疼，心疼他从此以后，就要开始为学习成绩而担忧，而这种担忧会持续十多年之久。但是，这似乎并不是儿子现在应该考虑的问题，对于一个一年级的孩子而言，养成良好的学习习惯远比考试考了多少分要重要得多。换言之，如果在这个时期养成了良好的学习习惯，那么对于成绩的担忧就是多余的。因为一个具备良好学习习惯的孩子，其学习成绩多半不会差。

因此，我笑着对儿子说："不管你考一百分，还是考零分，妈妈保证你都有油条和鸡蛋吃。因为这些并不重要。"

"那什么重要？"儿子问。

"习惯！"我一字一顿地回答儿子，"具体来说，就是要上课注意听讲，按时完成家庭作业，遵守生活规律，有良好的阅读习惯，有好奇心，少玩游戏，多做运动……"

我的话还没说完，儿子就打断了我："就这么简单吗？妈妈，我肯定能做到。我现在就去写作业。"说完，儿子将书包往身上一甩，向自己的房间跑去，脸上的烦恼全都不见了。

儿子也算是说到做到。但是，坚持没多久，儿子很快在生活上放松了。有一天放学后，小朋友来找他出去玩儿，竟然玩到晚上十点才回家，自然没有了看书的时间。

因此，儿子的第一次考试成绩并不理想。好的习惯并不是偶尔做到才可以，而是需要坚持的，不但要坚持在学校有良好的表现，回了家同样也不能松懈。我意识到孩子可能太小，并不懂得如何去培养自己的习惯。这个时候，就需要家长伸出援助之手了。

我的做法是，在与儿子共同协商的条件下，制订一张学习计划表，这张表包含了两大方面，一方面是生活习惯，另一方面是学习习惯。在生活习惯方面，我要求他每天至少阅读半个小时，背五个单词，陪父母聊天十分钟，每天必须坚持做某项运动30分钟，每天睡觉前回顾下当天所学的知识和所做的事情。至于看电视和玩耍的时间，只留给了他一个小时，这个他可以自由支配。

几乎每一项儿子都保证能够做到，只有对运动这一项不明就里："妈妈，为什么还要坚持一项运动呢？"儿子问。"因为你在学校也要上体育课呀！"我笑着回答他，"更何况，与学习成绩相比，妈妈更希望你有一个强健的体魄。"

"哦，是挺有道理的。"听了我的话，儿子像个小大人般点着头，表示肯定。接着他决定每天早晨跑步半个小时，并且要求我跟他一起，我爽快地答应了。

至于学习方面的计划，因为孩子还在上小学，所以计划的内容无非就是上课认真听讲、大声朗读、认真写字、独立思考、质疑发问、举手回答、及时复习以及独立完成家庭作业等。随着年级的升高，计划里的内容也会有所更改，但是相信一旦养成了良好的习惯，那么计划的内容不管如何更改，孩子自己的心里都会有数，并且也会做出合理的规划。

最后我告诉儿子，如果他能按照这张表格坚持七天，他就会适应这种习惯；如果他能坚持一个月，他就初步养成了这种习惯；如果能够坚持半年，那么如果有一天他没有这样做，他甚至都会觉得不舒服。儿子对我的话半信半疑，但是在我鼓励的目光中，儿子打算挑战一下自己。

事后，我为了让儿子看到自己的坚持，还特意去买了小红花，如果儿子遵守了计划表，我就在日历上的那一天贴一朵小红花。第一个七天，因为儿子生病，有一天没能完成计划，那一天的小红花是缺失的。第二个七天，儿子为了弥补那一天的缺失，一口气坚持住了。看着贴满小红花的七天，儿子自豪极了，他说他第一次体会到了"战胜自己"的乐趣。接下来，一切都变得顺利了，很快半年就过去了，终于有一天，儿子对我说："妈妈，以后你别再贴小红花了，买它还挺贵的，关键是贴不贴都一样，我天天都是这样做。"至此，我知道，我的儿子已经养成了良好的习惯。

对于学习习惯而言，不存在"灰色地带"，也就是说，如果没有养成好的学习习惯，那势必就会养成坏的学习习惯。因为爱默生曾说："习惯若不是最好的仆人，就是最差的主人。"没有人可以在这两种状况之外。培养孩子良好的学习习惯，尤其考验父母的智慧和耐心。但是一旦养成，这也是一劳永逸的美差事。

阅读让孩子更加聪慧

儿子在一岁左右的时候，就表现出了浓厚的阅读兴趣，经常指着童话书上的插图问我："这是什么？"每每此时，我都会饶有兴趣地一一说给他听，兴致来了的时候，还会自己添加一些情节进去，儿子听得津津有味。

但是当我家购买了电脑后，电脑里五花八门的游戏很快便吸引了儿子的注意，每次只要我和先生一打开电脑，儿子的小脑袋就会凑过来，要求玩一会儿。一开始本着"电脑要从娃娃抓起"的思想，并未过多限制，可是当儿子要求玩电脑的次数越来越多，而看书的时间越来越少时，我才意识到问题的严重性。人的一生都在接受各种文化信息的影响，这其中通过阅读吸收的知识占有非常大的比重。如果儿子因此丢掉了阅读的兴趣，那对他的学习能力将是不可估计的损失。

于是，当儿子再次要求玩电脑或是看电视时，我都会严厉地拒绝他，并要求他"看书去"，一开始，儿子还能按照我的要求去做，但是对于看书的热情却大不如从前。为了引起儿子的看书兴趣，我还特地到书店采购了一番。回家后就立即将新买的书拿出来给儿子看，并且还对他强调某本书特别好，如果读完就能获得某种知识。

儿子听罢，悻悻地拿着一摞书回到了自己的房间，脸上并没有我所期待的欣喜。岂料几天之后，儿子拿着那本我推荐的书来到我身边，说："妈妈，你让我读的书我读完了，我能玩会儿电脑吗？"当时的我就像一只泄了气的皮球，难道是我买的书不好看吗？为什么就不能引起儿子的兴趣呢？是不是自己用错了方法呢？这样一想，我忽然意识到，家长让孩子多读书，是希望孩子能够从中获取知识，但是对于孩子来说，他并不会将获取知识作为自己阅读的动力，他甚至可能都无法明白，什么是获取知识。对于孩子来讲，他愿意去做自己喜欢的事情，最原始的动力是兴趣，而不是为了得到什么。

想通了这一点，我开始为自己之前过激的行为而感到后悔，我的命令与强迫，很可能已经让儿子产生了排斥。要知道，在教育中，想要孩子接受什么，就去诱惑他；想要孩子排斥什么，就去要求他。不管是大人还是孩子，最难抗拒的就是诱惑，最讨厌和最难以接受的就是强迫。

知道了问题出在哪里，接下来就是改变。我不再要求儿子读书，而是利用孩子的好奇心，在他闲着无聊、想要玩电脑或者看电视时，对他

讲一段故事情节，并留下悬念。当然，那些故事情节均来自我特地挑选的书籍。考虑到儿子是男孩子，我选择了古龙和金庸的一些武侠小说，但是儿子似乎对此并不感兴趣，有一次我兴致勃勃地讲了一大段后，儿子居然说："成天打打杀杀的，没意思。"于是，我便又换了一本《丁丁历险记》，平日里对探险特别感兴趣的儿子果真对这本书的内容十分感兴趣，可是每当他听到兴致高涨时，我却不再讲了，儿子自然会追问，这时候我就会故弄玄虚地说："后面的我还没看呢，等我看完再告诉你。"因此，儿子总是对后面的情节抱有期待。

另外，在给孩子讲故事情节时，也不可强行灌输，而是采用自然的引诱。比如有时候我会在自己看完一段内容后，就顺口赞叹一句："写得真是太精彩了。"当孩子被我这句话吸引时，我再有意无意地将内容讲给他听。有时候，还会找爱人"友情客串"，让他随声附和我几句。

久而久之，儿子开始心里痒痒的了。有时候他越是着急知道下文，我就越是"卖关子"，谎称自己因为工作忙，还没有往下看。后来，儿子实在忍不住了，便对我说："妈妈，那本书能不能借我先看看？"至此，我知道，自己的"引诱计划"已经成功了一半。自然，书中有许多难以理解的字词成了儿子继续读下去的"拦路虎"，这时，我就会立即站出来，详细地将那个字或者词语解释清楚，更多时候，我会陪他一起看。这样的时光，我和儿子都十分享受。

当这本书快读完时，我就会立刻搜索另外一本，并且渐渐地扩大搜索范围。到上小学时，儿子已经重拾儿时对阅读的兴趣了，并且还会主动要求去书店找书看。有一次我去参加儿子的家长会，结束后，儿子的班主任留下了我，我原本以为儿子在学校调皮捣蛋了，态度谦恭地等着接受老师的教育批评，却没想到老师一张口就问我："您是怎样让孩子这样爱看书的？"原来班主任老师很多次发现儿子利用课余时间看课外读物，每次发了语文课本，不等老师讲完，儿子就已经全部看完了。对此，班主任老师很惊讶，也很想知道方法，因为她的孩子是个不爱读书的孩子。

说到自己的孩子，班主任老师满面愁容："每次我都举着书本在他面前读，可是人家的眼睛就是盯着电视机一动不动。那次我气急了，将电视机强行关掉了，没想到孩子比我更气，拿起茶几上的书就扔到了地上……"相信班主任老师的行为，很多家长也曾有过。强行关掉电视机或是电脑的行为，只会激起孩子的叛逆心理，并且也无法从根源上去除孩子对电视和电脑等电子产品的喜爱和兴趣。更何况，电视与电脑也并不是一无是处，我们可以规定孩子能看什么节目和用电脑查询资料等。比如，我规定儿子只可以看动画频道和科教频道，有时候有一些比较有意义的电影，也会特别允许儿子看。至于电脑，我要求儿子只能用来查资料，并将电脑里的小游戏全部删除了。

这一点，家长能够做到比让孩子做到更加重要。假如我们要求孩子只能看科教频道，但是自己却抱着娱乐节目看得无法自拔，那势必会影响到孩子，让孩子无法遵守规定。对于深度沉迷于电视与电脑的孩子来说，就像儿子班主任的孩子，我出了一个"馊点子"，就是人为地将

电视或是电脑损坏，然后再以各种理由拖延修理。接着再在这个时间段内，逐步引诱孩子进行阅读。当电视修好后，家长可以趁机提出使用要求，并且自己也努力做到。

当孩子真正培养起阅读的兴趣后，我便不再干涉儿子阅读哪些书籍，一开始他还是倾向于探险类的故事书，但是慢慢地扩大了阅读范围，并且随着阅读兴趣的增加，他对电脑和电视的兴趣开始减弱。

时隔不久后，我接到了儿子班主任老师的电话，电话里班主任老师丝毫掩饰不住内心的欣喜，她激动地对我说："你的方法还真管用，我们孩子开始看书了，而且还是长篇小说呢，学习成绩也提高了很多。并且在我的坚持下，我老公也改掉了经常看电视的坏毛病，真是太谢谢你了。"

阅读不仅仅是一种乐趣，还会令我们的孩子更加聪慧，喜欢阅读的孩子，不但大脑更加活跃，知识也会更加广泛。作为家长，我们能够做的就是给孩子提供一个自由、良好的阅读环境，除了那些真正有害的不良书籍外，不去强制要求，也不做硬性规定孩子该什么时候看书，看多久的书和看什么书。

学习的自律能力来自零钱管理

很多孩子写作业需要一催再催，晚上不睡、早晨不起，东西总是随便乱放，总而言之，就是孩子缺乏自律能力。缺乏自律能力的孩子，无法有效地控制和利用时间，也无法很好地管理自己的事情，这势必会对孩子的学习成绩以及今后的发展产生负面的影响。

可是孩子的自律能力要怎样培养呢？自律是一种主观的自发行为，需要的是培养，而不是限制。这一点，我表姐家的孩子做得特别好。

表姐家的孩子叫昕昕，十八岁就到英国留学了。有一年春节回家，昕昕给表姐和表姐夫一人买了一部新手机，我们大家纷纷艳羡不已，表姐却十分诧异，追问道："昕昕，你哪儿来这么多钱？我每个月给你的生活费根本不够你买手机的。"

"这是我从生活费里节省下来的，当然，也有我做街头艺人挣的钱。"说到这里，昕昕神采飞扬。得知这钱不是来路不明，表姐一颗悬着的心放了下来，随即嘱咐道："在外面别苦着自己，该花的钱一定不能省。"表姐有些心疼昕昕，语气中略带埋怨。

"妈，你就放心吧，我过得滋润着呢！你别忘了，我从小就是精打细算的能手。"说完，昕昕冲着表姐眨了眨眼睛，表姐终于放心了。

吃过饭，我们再次谈起了昕昕给父母买手机的行为，面对满座的溢美之词，表姐将她培养昕昕的历程娓娓道来。

昕昕上小学的时候，表姐发现昕昕的蜡笔、橡皮等学习用品总是被同学借走不还，昕昕就得不停地再去买新的。于是表姐每个月给昕昕10块钱，并对昕昕说，这钱是专门用来买文具的，花不完可以攒起来，攒多了可以去买自己喜欢的东西。但如果提前花完了，表姐也不会再给，没得用就自己想办法。

第一个月还没过去一半，昕昕的钱就花完了。所以再有同学向昕昕借东西时，昕昕只好说："对不起，我不能借给你，因为我用完了就没钱买了。"可是这依旧没能坚持到一个月结束，当昕昕写课堂作业因为没有橡皮而无法改正时，她急得哭了起来，虽然最后借到了橡皮，但是也从那时起，她明白了以后不能随便将文具借给别人用，否则自己就没得用了。

随着昕昕的年级升高，表姐给的零花钱也有所增加，但是那些钱只够买一些普通的文具用品，如果要买一些印有漂亮的卡通图案的文具，就远远不够了。正当表姐考虑着要不要破例给昕昕买一次时，昕昕却拿着一张漂亮的贴纸回家了，然后就钻进自己的房间里，将贴纸撕下来，然后小心翼翼地、略带设计感地将贴纸贴在了文具盒、自动笔、直尺上，甚至橡皮的外包装上。做完之后，昕昕就拿着自己的"作品"向表姐炫耀了。原来她在心里算了一笔小账：一张贴纸才五角钱，但是一副印有卡通图案的直尺要比普通直尺贵一块五，如果再算上其他文具，那就更贵了，于是昕昕想到了自己买漂亮贴纸来装饰文具的办法。

说到这里，我忍不住鼓起掌来，这可真是个绝妙的方法。让孩子自己掌握零花钱，既强化了孩子的算术能力，还让孩子体会到了自己动手DIY的乐趣，并且还学会了精打细算过日子，再往深了说，之后的学习自主力，也与此脱不开关系。

在高考前，别的孩子都在抓紧时间复习，有的甚至连吃饭的时间都不放过，更不要说看电视了。但是昕昕却很轻松，关键就在于她能够充分地管理好自己的时间和行为。比如：当别的同学因为太累了，在课堂上小憩一会儿的时候，昕昕从来是腰板挺直地坐着听讲，如果老师讲的内容她已经掌握，她也不会就此休息，而是利用上课那几十分钟的时间，马不停蹄地做一些练习题巩固老师所讲的内容。下课后，她也绝不在教室中停留，而是不管春夏秋冬，都要到教室外面转一圈，呼吸新鲜空气，看看花花草草，这片刻的放松，是她活力充沛地上下一节课的主要力量。

放学的路上，别的孩子会趁机看看橱窗里有什么新鲜玩意儿，但是

昕昕却在一边骑车，一边念念有词地背英语和公式；回到家，别的孩子开始背英语和公式时，昕昕已经悠然地坐在桌前吃晚饭了，顺便还能看看新闻，为写作文积累素材。用昕昕的话说："我算过了，我骑车回家的时间，跟我吃饭的时间差不多，如果我利用好了骑车回家的时间，那么吃饭的时间就可以做别的。"看，小时候的精打细算被她运用到学习当中了。所以，虽然昕昕没有熬夜苦读，但是高考成绩却好得出奇，还因为艺术的加分，得以出国念大学。

出国前，我陪昕昕去逛街。心想昕昕要出国门了，怎么也得穿得体面一些，于是带她到高档商场去购物，但是昕昕却看着价格直摇头。最终，她还是在一家中档商场里，挑了几件学生价位的衣服。事后还"教育"我说："小姨，买衣服看的是款式，不是价位。你看我现在买了这么多件，而这些钱只够在那个商场里买一件的。"说完，还"鄙视"地看了我一眼。

大学毕业后，昕昕又考上了研究生，她不但拒绝了表姐的生活费，甚至连学费都拒绝了，因为她得到了全额的奖学金。

让孩子从小就有金钱的意识，教会孩子如何花费和管理金钱，是家庭教育中一件必须要做的事情。通过让孩子自己管理零花钱，能够培养孩子的计划性、决策性和自控能力，而这些能力在其学习乃至成长道路中都是至关重要的能力。

别给孩子增加学习压力

儿子上小学后第一次考试成绩下来后，成绩并不理想，儿子那天放学路上，低着小脑袋，一边用脚踢路边的石子，一边用越来越小的声音对我说："妈妈，我没考好。"说完，头埋得更低了，似乎已经准备好了迎接"暴风雨"。

在看到儿子沮丧地走出校门的那一刻，我已经做出了决定。于是我并没有批评儿子，而是摸着他的头，说了句："没关系。"我的话显然出乎儿子的意料，只见他低垂的小脑袋瞬间扬了起来，向我投来询问的目光，为了让他相信，我立刻挤出一个笑容，儿子这才放心了。快到家时，儿子忽然握着小拳头对我说："妈妈，我下次一定努力。""妈妈相信你。"这一次，我对他报以了真诚的微笑。我并非不在乎儿子的

学习成绩，对儿子的未来更是抱有殷切的期望。只是，给孩子过多的压力，并不是让他学习进步的好方法。

没有孩子不愿意做一个让父母骄傲的孩子，也没有孩子天生抗拒学习这件事情。相反，任何一个孩子都会以自己让父母骄傲为荣，并且学习知识对孩子而言是一种探索，是他们十分愿意去做的事情。让孩子在爱学习的路上越走越远的很大部分原因，是家长施加的压力。当孩子无法完成父母的要求时，他们就会产生挫败感，从而渐渐失去学习的动力与信心。另外，还有另一种情况，就是用过多的表扬给孩子带来压力。

我朋友栗子的孩子要比我儿子大几岁，小家伙从上学起学习成绩就一直不错。这也是每次见面栗子向大家炫耀的资本，当我们由衷地夸奖栗子的儿子时，她和孩子的眼中都会流露出自豪的神色。但是自从上了三年级后，小家伙的学习成绩就直线下降。一次期末考试过后，天都黑了，孩子还没有回家，这可急坏了栗子，于是连忙发动全家人寻找。最终，在小区花园里的长廊上找到了孩子，孩子的手中握着一张数学试卷，脸上纵横着泪痕，看见栗子后，更是哭得不能自已，并且边哭边对栗子说："妈妈，我数学成绩不及格，你惩罚我吧，我让你丢人了。"儿子的哭声和话语像铁锤一般砸在栗子的心上，她忽然意识到，自己的炫耀已经成为儿子的负担。她原本以为这对孩子而言是一种鼓励，却没有想到儿子的荣辱心远远大于她的想象，而且在儿子幼小的心灵中，已经将好成绩与妈妈的"脸面"联系到了一起。

从那以后，栗子再也没有在我们面前炫耀过孩子的成绩。有几次我们问起，栗子的回答都是："我很满意，我儿子从来没有上过课外补习班，没有额外地补习过英语，也没有学过奥数，但是他的成绩却一直在中上等，而且每次都有进步。"说完，栗子就会看向儿子，然后孩子会向她投来感激的目光。除了不在学习上给孩子过多的压力外，过度地夸奖也会给孩子造成一定的心理压力，尤其是当父母将孩子的成绩作为炫耀的资本诏告"天下"时，一开始孩子可能会感到骄傲，但是一旦孩子的成绩出现下滑，那么孩子就会感到恐慌，因为他将失去炫耀的"资本"。

因此，在面对孩子学习的问题上，鼓励代替惩罚和批评，肯定代替夸耀和奖赏，让孩子顺其自然地去努力，而不是在妈妈的"强压"下被动学习。这看似"中庸"的方式，才是为孩子减轻学习压力的有效途径。

✦ 专注力提升，学习效率翻倍

经常有家长问我："孩子注意力不集中怎么办？"注意力不集中，其实就是孩子的专注力不够，做事情总是三分钟热度，如果这种状况表现在学习上，那孩子就无法完全吸收老师上课所讲的内容，那势必会对学习成绩有所影响。往深远里说，无论做什么事情，如果没有足够的专注力，都无法长久地坚持下去。相对而言，专注力强的孩子，小到能够认真把饭吃完，大到把一本书看完，小到拼图一定拼好，大到可以一人安静地玩两个小时，或者数年如一日地坚持踢球，坚持跳舞，或者坚持每个周末回去看爷爷奶奶。

但是，判断一个孩子是否具有专注力，不能单纯地从孩子能否长时间做一件事上来说。从事教育工作这么多年，我见过很多在家长口中缺乏专注力的孩子，他们虽然在课堂上常常表现出"坐不住"的现象，但是在遇到自己喜欢的事情时，比如读故事书、搭积木等，就会表现出不同往常的专注力。

儿子的好朋友彤彤，在她妈妈的口中，就是一个注意力不集中的孩子。比如彤彤的妈妈让彤彤练习小提琴，往往练不到十分钟，彤彤就想歇一会儿，有时候门铃一响，彤彤甚至比大人们反应还快，这让彤彤的妈妈十分不满："你说，她那是在专心练琴吗？屋子里稍微有一点动静，她都能听见。从小就是这样，看书看不了两页，就想玩积木，积木搭不了两分钟又想看动画片，眼睛看着动画片，耳朵里还要听着大人说话，时不时地插两句嘴，做什么都是三分钟热度……"在彤彤妈妈滔滔不绝的数落中，彤彤的头越来越低。

通常情况下，孩子注意力持续的时间及专注的水平，与孩子的气质、当时的身心状态以及外界的环境等很多因素相关。在一般情况下，孩子的年龄越大，能够坚持在一件事情上的时间就会越长，反之，年龄越小就越难以保持注意力集中。尤其是对于三岁以内的宝宝们，他们很难在长时间内做同一件事情，往往一件事情做不了多久就会被其他事物所吸引，或者时不时地东张西望，而且也无法制约自己的思维，使之完全集中在正在做的事情上面。这是因为三岁以内的宝宝注意力是被动的，只有那些新奇的、能够令他们感兴趣的东西或者事物才能够吸引住他们，而且在这个时期，他们控制自己注意力的能力还比较薄弱。因此，三岁以前的宝宝，如果出现所谓的"注意力不集中"，家长不要轻

易给孩子贴上"注意力不集中"的标签，因为那相当于在对孩子进行负面暗示。

随着年龄的增长，孩子的专注力会随之提升。但是这并不意味着孩子能够对每件事情都表现出十分的专注力来，因为每个人的专注力都是不同的。不要说孩子，就是我们大人，也很难在任何事情上都保持高度的注意力。在孩子的成长过程中，出于自身需要而产生的兴趣，是最有驱动力的。即便是很小的孩子，如果遇到自己感兴趣的事情，都能够非常专注，然后不受任何打扰地去做。

儿子三岁的时候，孩子的表舅送了一套乐高积木给他，绚丽的颜色和超酷的造型立刻吸引了儿子，转眼两个多小时过去了，到了吃饭的时间，我喊了几次"吃饭了"，儿子都像没听到一般。就在我准备上前将儿子拎到饭桌前时，先生拉住了我的手，示意我不要去打扰儿子，先生说："孩子难得这么专注，为什么要打断他呢？"可是在当时的我眼中，吃饭这件事要比玩积木重要得多，所以应以吃饭为主。

但看到先生自顾自地坐在餐桌前吃了起来，我原本张开的嘴又合上了。那天，儿子一直玩到了晚上八点多才发觉自己忘了吃饭，当他吃过饭已经八点半了，九点半上床睡觉，我担心孩子会因此而消化不良。当晚，便责怪起先生的纵容来。

先生说道："孩子的专注力，不是你说让他专心点，他就能专心点，而是通过一些小事培养起来的。就好比今天，如果你在他投入的时候打断了他，并且经常性地如此，那么他就不懂什么叫作专注了。"说到这里，先生试探性地看了看我。我承认先生说得很有道理，我似乎总是在无意中充当了儿子专注力的破坏者。

渐渐地我发现，一旦投入自己喜欢的事情当中，儿子总是像穿了"金钟罩"一般，丝毫不关心其他事物的变化。当孩子全身心投入一件事情当中时，家长能够做的事情，就是不打扰，哪怕你认为孩子此时应该喝水了，应该吃饭了，应该睡觉了，甚至应该需要你出手相助了，也不要贸然打扰孩子，不要去做那个打扰者。从另一个角度而言，培养孩子独立完成一件事情的能力，也是培养孩子专注力的方式。另外，坚持一项体育锻炼或是特长培养，也是培养专注力的有效途径。

七岁的时候，儿子学校举行了一次免费的围棋学习，儿子参加后，回来便嚷嚷着要学习围棋。我担心他年龄太小，无法一坐就是两三个小时，但是经不住儿子的央求，最终答应了他。那天，我去围棋班接儿子放学，原本以为全是孩子的教室会乱哄哄的，没想到却出奇的安静，从窗户看进去，一屋子的孩子，全都拿着一根筷子从一个碗里往另外一个碗里夹黄豆。忽然，下课铃声响了，有的孩子为之一振，黄豆掉在了地上，随之而来的就是一脸的沮丧。我连忙向儿子望去，只见儿子像没有听到一般，平稳地将一颗黄豆夹到了另一只碗内。再看每个孩子的碗里，有的黄豆多，有的黄豆少。原来，学习围棋要先学会夹黄豆呀，我觉得很有趣，同时也对围棋老师的教学方式产生了好奇。

等了大约十几分钟，儿子终于将所有的黄豆都夹到了另外一只碗里。从教室走出来一看见我，就对我说："妈妈，我掉的黄豆最少，老

师说我可以提前学习围棋。"

"意思是说，只有夹黄豆过关了，才能学围棋吗？"我饶有兴趣地问。

"那当然了。"儿子白了我一眼，仿佛我问了一个十分愚蠢的问题，"原本我们要连着夹十天呢，如果过不了夹黄豆这关，就会被开除，没有资格学围棋。"

听到这里，我似乎明白了老师的用意，老师希望用这种办法锻炼孩子们的专注力，如果能够静下心来将黄豆夹好，那么坐下来下两三个小时的围棋就不是什么难事了。最后，儿子和另外一个年龄稍大一些的女生提前了两天从"黄豆班"毕业，开始了正式的围棋学习。

时间对每个人都是公平的，谁也不会多一秒，但是在有限的时间里，能否做更多的事情，学习更多的知识，就因人而异了。同样是一节课的时间，注意力集中的孩子相比较于注意力不集中的孩子，学习效率就要高得多，学习成绩自然也就好得多。

适当尊重孩子自己的学习方法

上学后，儿子经常和邻居家的小女孩彤彤一起写家庭作业，有时在她家有时在我家。那天，儿子放学后，就直接去了彤彤家，在彤彤妈的邀请下，我也跟着走了进去。两个孩子坐在一起写作业，两个大人就坐在一旁小声地聊着天，但是我们的聊天过程并不顺利。

"彤彤，头抬高点。"彤彤妈发现彤彤的头有些低了，于是立刻大声提醒道。听到妈妈的提醒，彤彤立刻将头抬了抬，儿子怯怯地看了我一眼，也微微地直了直身子。

过了一会儿，彤彤妈妈的声音再次响起："你前面的题还没写完呢，怎么先做后面的题了？"彤彤撇了撇嘴，小声解释道："后面的题难，我想先把难的做完，再做简单的。"

"那这要是考试呢？"彤彤妈瞪着眼睛问，"考试你先做后面难的，把时间全浪费了，到时候前面简单的题都没时间做了，后面的难题还不一定做得对！"

"考试的时候我就顺着写了。"彤彤的声音越来越小。

"这是习惯问题，你现在养成了这种习惯，考试的时候很难改过来。"彤彤妈并没有因为彤彤的话而停止，又继续唠叨了一番，直到彤彤乖乖将练习卷翻过来，从头开始做才停止。

然而，没过一会儿，彤彤妈又说话了："这'看图写话'怎么才写了这么两行？"

"人家就要求写50字。"彤彤指着题目解释道。

"那就不能多写点，我让你写了那么多篇读后感白写了？"彤彤妈用手指着卷子，发出刺耳的"哗啦哗啦"声。

"我根本就不喜欢写读后感，都是你逼着我写的。"彤彤的声音陡然提高，将我吓了一跳，儿子原本低着的头也抬了起来。看到我和儿子都在注视着她们母女二人，彤彤妈息事宁人般地把卷子放在了桌子上，然后要求道："重新写一遍。"

我正欲劝劝彤彤妈，儿子却背着书包走了过来，小声对我说："妈妈，我写完了，咱们回家吧。"我只好带着儿子告辞了，回头正好瞥见彤彤坐在桌子前用力地写着，似乎还有眼泪落下。我想对彤彤妈说"孩子有自己的学习方式，我们不要多加干涉"，可是儿子使劲拉着我的手往外走，我到了嘴边的话又吞回了肚子里。

回到家中，儿子坐在客厅看动画片，我在厨房里准备晚饭，眼前却不断浮现出彤彤努力憋着眼泪重新写作业的情形。记得之前与儿子一起看《窗边的小豆豆》时，儿子在看到小豆豆在电车教室里的学习后羡慕不已。

"妈妈，要是我们学校也能像小豆豆的学校一样就好了，可以先从自己最喜欢的那门功课学起，而不是像我们学校这样，每天都按照学校的安排上课。有时候刚上完体育课就要上语文课，我的心思还在踢球上呢，就要开始读课文了。我觉得应该安排在最后一节课，这样上完课就直接放学，经过运动，我还能多吃点饭呢！"儿子的话引起了我的共鸣，但是如果学校将所有班级的体育课都安排在最后一节课，操场上能放得下吗？有那么多体育老师吗？

我的疑问让儿子陷入了沉思，在确定自己的建议并不可行后，儿子仰着头向我提出了一个差点惊掉我下巴的要求："妈妈，要不你也开个'巴学园'吧，也用电车当教室，也别给我们规定必须先上什么课，再上什么课。"

"这个……妈妈考虑考虑，毕竟开一个学校的成本有点大，而且万一招不到学生，那妈妈可就赔钱了。"我哭笑不得地对儿子许下了承诺。

虽然没过多久，儿子就忘了让我开学校的要求，但是从那以后，我了解到，孩子有自己掌控学习方式的欲望，家长和学校的方式再好，如果不被孩子接受，那对孩子的学习也起不到促进的作用。就像彤彤的妈

妈一样，她总是希望彤彤按照她的方式进行学习，认为自己的才是正确的，才是最有效率的，殊不知孩子的方式也没有错，而且让孩子按照自己的学习方式学习，孩子才能够享受其中。作为孩子最信任和最依赖的人，当我们发现孩子的学习方法不够科学时，及时帮助和鼓励，告诉孩子一些行之有效的学习方法是对的，但是绝不能将自己的方法生搬硬套地用在孩子身上，毕竟每个人的学习习惯和思维方式是不同的，家长的学习方式未必适合孩子。

在学习方面，家长只需要做个指导者就可以了，不要参与其中，更不要干涉孩子的学习。只有在轻松的环境下，孩子才能更好地发挥潜能，不将学习作为负担地进行下去。

把数字融到生活中，让孩子爱上数学

我上学时，父母和老师就经常在我耳边说："学好数理化，走遍天下都不怕。"所以在我的求学生涯中，一直将数学作为我的"头号敌人"重点去攻克。然而，效果却与我的努力不成正比，一直以来我的语文成绩都比数学成绩要好得多。后来到了高中，看到那些数学好的孩子，学起物理化学来更加省力，就更加坚定了数学在我心中"标杆"一样的位置。再后来参加了工作，我发现，那些上学期间数学成绩好的人，在逻辑思维能力上要比那些不喜欢数学的人更强。就算是对最不需要数学知识的文字工作者而言，数学好的人其文章的逻辑都更加严谨一些。

因此，从儿子一出生，我就将培养儿子的数学学习能力提上了日

程，将"数学"贯穿到了儿子成长中的每一个阶段。

儿子刚出生时，我就每天一边数数一边给儿子做"被动操"，结果我惊喜地发现，一段时间后，儿子居然可以听懂我的口令了。后来到了儿子六个月的时候，先生给儿子买了很多锻炼握力的小球，我经常拿着这些小球跟儿子做游戏。一个偶然的机会，我发现这些小球也是可以用来做"教具"的。于是我从两个球开始，当儿子一手拿一个球的时候，我便会对儿子说："左手拿一个球，右手拿一个球。"时间久了，不管儿子面前放几个球，只要我一说"左手拿一个球，右手拿一个球"时，儿子就会一手拿一个球向我们炫耀似地示意。

如果说三岁的儿子听得懂我的数字口令仅仅是机械式的重复，那么当儿子能够明白"一手拿一个球"的口令时，则完全能够说明，此时的他已经弄懂了"1"的概念。有一次，当我把这个发现当作案例讲给其他家长们听时，其中一个家长告诉大家，曾经有研究者对此做过实验，即不断地给三个月大的婴儿看一些电脑画面，这些画面中无一例外地都包含有三个气球、三只熊、三朵花这三样东西，当研究者偶尔将这些画面改变，变成两个气球、两只熊和两朵花时，正在吮吸的小宝宝会呼吸变快或是看得更久，这说明他们觉察到了数量的差异。

后来，我便有意识地将数序融入生活中并当作了一种习惯。比如，当儿子学会走路时，我便会随着他的脚步，数着"1、2、3、4……"；当与儿子一起爬楼梯时，我会一边上台阶，一边数"1、2、3、4……"，直到台阶消失；当我给儿子拿水果时，会对他说："你一

122

个，爸爸两个"；当我们看到商店橱窗里的人偶时，我会指着对他说："两个人"……就这样，凡是生活中可以用到数字的地方，我都会加上数字。

儿子还不到两岁，就能跟着我一边数数，一边上楼梯，有一次被邻居撞见，邻居吃惊地说："天啊，你儿子太聪明了，这么小就能数到11了。"

不可否认的是，天性聪明的孩子学习东西会更快一些，但是妈妈的有意培养也是不可缺少的元素。就在这样不知不觉的影响中，儿子的数学成绩一直不错，上幼儿园时，学习算术基本没怎么费功夫，老师夸奖他，儿子却说："那些数字就像印在脑子里一样，不用想，就自己出来了。"也正是因为如此，还未上小学，儿子就对数学表现出了浓厚的兴趣。

但是这个方法对于已经长大的孩子就不管用了，如果我们对着一个已经上小学或是上初中的孩子反复强调数字，恐怕会令孩子反感。对于这种情况，就要使用更加高明的方法了。我先生的哥哥是高中数学老师，但是他们家孩子却严重偏科，语文成绩每次都能名列前茅，但是数学成绩却有些羞于见人，后来逐渐演变成讨厌数学，一上数学课就想睡觉，要么就是偷偷在课桌下面看课外读物。

先生的哥哥对此十分头痛，孩子已经上初中了，打骂对于孩子而言只能起到相反的作用，经过几次推心置腹的谈话，也没能让孩子重拾起对数学的热爱。后来，先生的哥哥便每天陪着孩子一起写作业，一旦孩

子遇到不会的数学题，就立刻走上前去帮忙分析解答。起初，孩子还算配合，但是有一次因为一道题两人产生了分歧，先生的哥哥有些生气，脱口而出一些批评的话语，孩子也不甘示弱，反唇相讥道："我以后也不打算当数学家，我要当作家！一个80后作家说了，要当作家，数学具备初中水平就可以了。"

孩子的话让先生的哥哥再无反驳之力，但同时也点醒了他，孩子认为数学没意思，不喜欢学，很大程度上是因为他觉得学了也没用，就好比从不打算出国的人，认为学英语没用一样。当孩子认为所学的内容没有用时，这些知识在他的大脑中就相当于人身体上的赘肉，是多余的，是充满惰性的。因此，想让孩子爱上数学，首先要让孩子体会到数学对于人类的意义，也就是在生活中无处不需要数学。

想到了这里，先生的哥哥为自己的孩子设了一个"局"。在一次晚饭过后，先生的嫂子拿着手机边看边发出疑问："这可怎么选呀？怎么选都是死呀！"嫂子的疑问自然引起了全家的注意，纷纷聚集到嫂子身边一探究竟，嫂子见孩子也凑了过来，便将自己正在看的内容念了出来："有一个人不小心，开着车冲下了悬崖，汽车幸运地架在了树杈上，悬在半空没有掉下去，你想打电话求救，却发现手机掉到了车厢的另一侧。怎么办？拿手机有可能令汽车失衡，马上摔下悬崖；不拿手机只能等人发现，时间长，不确定的因素又多。那么，哪种选择生还的可能性更大呢？"

嫂子念完，一家人都陷入了沉默。孩子最先打破了沉默，说道：

"我直接呼救不就行了吗？""我早就想过了，可是万一没人听见呢？"嫂子否定道，一时间大家又陷入了沉默。

"我来试试。"先生的哥哥掷地有声地说，他拿来了一张白纸，然后在白纸上模拟出当时的情况，接着就开始在纸上演算起来，不一会儿，答案就出来了。"爸，你太牛了，这都能算出来。"孩子由衷地赞叹道。

"其实也不难，就是使用三角函数和力学的远离，将受力点找到，这样就能作出判断了。"先生的哥哥假装谦虚地回答。

"什么是三角函数？"孩子兴趣大增。

"你们高中就学到了，不过我先给你简单地讲讲。"之后，先生的哥哥便将三角函数的原理讲给了孩子听，孩子听完后还意犹未尽地拿着那张演算纸回到自己的房间继续琢磨。从那以后，孩子开始变得不再排斥数学。后来上了高中，大家都以为孩子会选择文科，因为他的志向是成为一名作家，但是在文理分科时，孩子却选择了理科，原因就是他觉得如果能研究原子弹，那也是十分有趣的事情。

学校教给孩子的知识，都是凌乱的知识点，能够主动去寻找他们之间的联系，并且激发出自己兴趣的孩子并不多，更多的孩子都是机械式地学习，为了考试而学习，当有一天不再需要考试了，相信这些知识就会立刻"还给"老师。而我们家长能做的，就是用思考和实践，将这些知识点织成一张网，让孩子们自发主动地去探寻其中的奥秘，变被动学习为主动探索。

保护好孩子的想象力，写作文不发愁

李默的儿子上四年级了，有一次我去她家做客，正巧碰到她儿子在写作业，但是没写多一会儿，就将作业纸撕下来，然后揉成一团，狠狠地扔进纸篓里，纸篓里已经安静地躺着七八团了。

"我儿子在写作文呢。"不等我问，李默就开口解释道，"他不怎么会写作文，每次考试作文都要扣七八分，老师总说他的作文没有想象力。这不，今天老师又留了一篇作文——《写给20年后的自己》，一回来就问我怎么写，我要是告诉他了，那还是他自己想出来的吗？我就没教他，让他自己想呢，这都快一个小时了，也没写出多少来。"李默的语气里掺杂着"恨铁不成钢"的怨气。

可能是被当着外人面批评让孩子很没有面子，本来还在安安静写作文的孩子，忽然站了起来，冲着他妈妈喊叫道："我怎么知道20年后是什么样？说不定我早死了！"说完，气鼓鼓地离开座位，将房门"咣"的一声关上了，那声音大得将我和李默吓得一哆嗦。看李默的样子也是气得够呛，但是碍于面子，她将满腔的怒火化作了一小声嘟囔："学习不怎么样，脾气还挺大……"

"我觉得孩子说得也有道理，以他现在的年龄怎么会去想20年以后的事情，所以不会写也是正常的。"我宽慰李默道。

"话是这么说，可是要是考试怎么办？这作文占了整张卷子近三分之一的分值，这还有两年就要上初中了，我能不着急吗？可是你说，这想象力可怎么培养？我帮他想了，那就是我想的，让他自己想，他又想不出来。"李默的眉头越皱越紧，丝毫看不出来她在职场上出类拔萃的样子。

"其实，想象力不是靠培养的，而是靠保护的，因为孩子的想象力是无穷大的，只是被我们做家长的给扼杀了。"我看着李默的眼睛，无比真诚地说。

"我儿子小时候可淘气了。有一次，他把一件花色的衣服扔在地上，用脚踩来踩去，然后还兴致勃勃地拉着我去看，对我说'蝴蝶'，我仔细一看，确实很像蝴蝶。但是看到被揉成一团的衣服，上面还沾了水渍，就气不打一处来，狠狠地将我儿子批评了一顿……"说到这里，李默忽然恍然大悟，"呀，我儿子的想象力就这样被我扼杀了！"李默的眼睛中闪烁着惊恐的目光，仿佛还不敢相信自己就是那个扼杀孩子想

象力的"刽子手"。

孩子天生具有想象力，只要家长能够做到不限制，那就是最好的培养。随着阅历的增长，大人的想象力会受到经验和常识的束缚，如果自身又是缺乏想象力的人，那在培养孩子想象力方面的能力是十分有限的，用这种有限的能力去培养孩子无限的可能性，这就好比用一把刻度有限的尺子，去丈量无边无际的大海一样，不但不能令其发挥得更好，反而会成为一种束缚。在这一点上，我的另一个朋友馨子就做得比较好。

一次，馨子搬了新家，我们一起到她家做客。新家装修十分讲究，但是有一面墙却很奇怪，既没有摆放任何东西，也没有悬挂任何装饰。

"这面墙为什么空着呀？"我指着墙面，满腹的疑问。

"哦，那是留着画画用的。"馨子正在沏茶，头也不抬地回答我。

"你不是画油画吗？现在改壁画了？"

"不是我画，给我女儿画画用的。"馨子纠正道，抬起头正好看到我惊讶得合不拢嘴。

馨子又继续说道："你之前去我们旧家的时候，不是看到我家墙上到处都有彩笔印吗？那就是我女儿的杰作，有一次我居然觉得那些线条和颜色也挺具有美感的。后来我先生就提议，在新家专门留出一面墙来让孩子创作，一面墙粉刷一下才多少钱，但是孩子的创作能力却是无价的，说不定呀，将来我女儿'青出于蓝而胜于蓝'呢！"说完，馨子咯咯地笑了起来。

"你们艺术家培养孩子的方式都不一样！"我打趣道，一回头，正巧碰上儿子的目光，那目光里全是羡慕与向往。那天的聚会，儿子的视线就没有离开过那面墙，不时地出神想着什么。儿子也很喜欢画画，他两岁多的时候，有一次画了一幅画，上面只有乱七八糟的线条，根本看不出所以然，但是儿子却煞有介事地向我介绍道："妈妈，这是恐龙，恐龙被关进动物园了。"我顺着儿子小手的移动，睁大眼睛分辨着，也没有看出来哪里是恐龙，哪里是动物园，但是依旧很捧场地夸奖了儿子一番。

得到鼓励的儿子对画画更热衷了，而且不再满足于画在纸上，有好几次试图将"魔掌"伸向白白的墙壁，但是都被我及时制止了。但是听了馨子的话后，我忽然意识到，自己不正是在限制孩子的想象力吗？孩子的想象力，就是在"这不能动""那不许碰"的限制中逐渐消失殆尽的。

于是，那天我没有直接回家，而是带着儿子去了文具店，然后买了很多张大大的纸，那些纸足够覆盖一面墙了。儿子还不知道我买纸要干吗，当得知我是买来给他画画时，儿子马上陷入了沉思，半晌才问我："妈妈，咱家能铺下这么大一张纸吗？"

"能！"我肯定地回答他。

一进家门，我就利索地将一面墙空了出来，然后将我买的白纸贴在了墙上。末了，指着那面墙对儿子说："儿子，这以后就是你的创作墙了！"儿子此时才明白了我的意图，欢呼着冲进自己的房间，然后拿出了彩笔，立刻在墙上涂画了起来。

先生一回家，就被眼前的一幕惊呆了，随后指着儿子的随笔涂鸦问我道："你不打算让儿子当音乐家了？这是要培养画家吗？"

"不！不！不！"我连连摆手说，"我并不是想培养儿子的艺术细胞，也不是在怂恿他搞破坏，而是想给他一个无拘无束的童年，让他在自信快乐的思维方式里成长，这便于激发他今后的潜能。"

先生听罢，微笑着点了点头，随即向我竖起了大拇指。爱因斯坦说过："想象力比知识更重要，因为知识是有限的，而想象力概括着世界的一切，推动着进步，并且是知识进化的源泉。"一个富有想象力的孩子，不仅仅在面对作文时不会发愁，在其他方面也能够表现出不同寻常的思维方式。每个妈妈都想培养出一个卓越的孩子，但是我们的做法却与说法大相径庭，一边鼓励孩子大胆地去创造，另一方面又限制孩子的行为，让孩子变得胆小慎微。其实，允许孩子"淘气"，甚至不去阻止孩子犯错误，或是做出一些反常规的事情，这样才不会压制孩子的探索意识和创作能力。

从兴趣入手，英语变得So easy

　　儿子上一年级以前，我有意识地培养了他学习数学和语文的能力，却忽略了课程中的另一座大山——英语。因为在上学前甚少接触英语，因此一年级上半学期，我明显感觉儿子学习英语有些吃力。

　　我看在眼里，急在心里，为此特地向一个专门从事英语教育的朋友请教了方法，朋友只告诉了我一个诀窍，那就是"背单词"。儿子倒也听话，我让他背单词，他就老老实实地背单词，但是每次看着孩子表情痛苦地对着英语课本时，我就有种内疚感，这样逼着孩子学习真的对吗？学习不应该是一件快乐的事情吗？死记硬背或许能够应付小学期间的英语学习，那么上了初中和高中呢？难道上了大学以后也要靠这种"艰难"的方式学习英语吗？

叶圣陶先生曾经说过："学习是学生自己的事，不调动他们的积极性，不让他们自己学，是无论如何也学不好的。"因此，当务之急，是想办法让孩子对英语产生兴趣，变被动的学习为主动的学习。

就在我冥思苦想还有什么办法时，儿子对我提出了一个要求，他想看《狮子王》，因为他的同学对他说这部电影非常好看。机会自己送上门来了，我连忙找来了《狮子王》，只不过是全英文版的，连一句中文翻译的字幕都没有。儿子看了开头，就忍不住对我抱怨道："妈妈，你怎么弄了一个英文版的？"

"你懂什么呀？看这种电影，就得看英文原版的，经过中文翻译的，整体氛围就被破坏了。"我一本正经地回答儿子。

听到我这样说，儿子撅着小嘴，托着脸蛋开始看了。很快，他就忘记了这点不愉快，完全被剧中精彩的情节吸引了。看到最后，老狮子王去世前对小狮子王说的话时，儿子虽然看得一知半解，但是却感动得流下了泪水。看来，根据自己零星掌握的单词和猜测，儿子已经将剧情看懂了。而这一看，就一发不可收拾。我们先后看了《狮子王》的所有系列，然后又看了《冰河世纪》《马达加斯加》《里约大冒险》《丁丁历险记》等，全部都是英文原版，没有中文翻译的。后来有一次，无意间看到了翻译版的《功夫熊猫》，儿子竟然说"翻译的太没意思了"。

爱上英语电影后，儿子对英文原版书也突然感兴趣起来。有一次我们去书店，他为自己挑了一本儿童英文版的《秘密花园》，我还没付款，就催着我赶快回家，因为开头里有一个单词他不认识，也没有猜出意思，所以要急着回家查英文词典。就这样，儿子半是猜测，半是理解地竟将一本英文书看完了。当我将这件事情告诉他人时，每个人都大跌眼镜，直呼不相信。

在这里，我想说孩子的兴趣是激发出来的，而不是威逼出来的。当孩子对某学科感兴趣时，他才能感受到乐趣，乐趣会让孩子处于一种较为放松、无压力的状态，并且想重复这种体验，这是孩子能够主动自觉学习的根源。如果家长使用强硬的手段去逼迫孩子对某种学科产生兴趣，反而会取得适得其反的效果，如果给孩子的压力过大，还会令孩子产生厌烦的情绪，更不要说让孩子感觉到乐趣了。

因此，想让孩子产生学习兴趣，靠强制是行不通的，而是去创造、增大或移入学习里孩子在乎的价值，以此令孩子感到乐趣和开心。当孩子从中体会到乐趣和开心了，那么学习兴趣自然也就产生了。

第五章

良好的亲子关系是
家庭教育的前提

不管何时，请挺孩子到底

真诚地赞美孩子

肯定孩子的每一次进步

不在人前批评孩子

做个说到做到的好妈妈

不与别的孩子比

放低姿态，家长也要向孩子道歉

不管何时，请挺孩子到底

在一次讲座中，我讲到应无条件地接纳孩子和爱孩子的时候，一个家长对此质疑："如果孩子做出让自己丢脸的事情呢？也要无条件地去爱他吗？"

我的回答是："是。"

"这样难道不是在纵容孩子继续犯错吗？"

我的回答是："这是在帮助孩子改正。"

很多父母可能不知道，当孩子来到这个世界上时，他们都期待着被呵护、被接纳，然而有的家长做到了，有的家长却没有做到。一旦孩子在家长那里感受到了恶意、不友善的对待，孩子就会立即感到受伤，感觉被背叛。家长可能不是有意为之，但是对于孩子那颗敏感的心灵而言，那就是一种伤害。因此，就算孩子的所作所为让我们很丢脸，甚至让我们愤怒时，也请坚定地站在孩子身边，让孩子感受到"妈妈在挺你"。

随后，我给这位家长讲了《拥抱不完美》中的一个小故事：有一天，布朗带着她八岁的女儿逛百货公司买鞋子，正巧商场里播放了一首十分流行的歌曲，她的女儿竟当众随着音乐跳起舞来。女儿奇怪的舞姿立刻吸引了其他顾客的注意，其中几个打扮高贵的女人一边看着布朗的女儿，一边窃窃私语，布朗从她们脸上看到的不是欣赏和鼓励，而是嘲笑与讥讽。

布朗的女儿似乎也注意到了这些，她停下了动作，不知所措地看着自己的妈妈，眼神中流露出无助，似乎在向妈妈询问："接下来，我该怎么办？"布朗当时也感到难为情极了，但是她没有表现出来，而是看着自己的女儿说："你还可以加进稻草人的动作。"女儿听到布朗的话，眼睛里立刻放射出光芒，又继续开心地跳起舞来。而布朗也站在一旁专心地看着女儿的即兴表演，因为她不想"背叛"自己的女儿。

"如果换做是你，你会怎么做呢？"我问那位质疑的家长。

"我……可能做不到主人公那样，或许会直接拉着孩子走掉。"那位家长思索了片刻，回答我说。

"我相信大部分家长都会这样做，但是这只是拯救了我们自己，让我们不处在尴尬之中，但是却背叛了孩子。因为我们的背叛，孩子也感到了羞耻，这种羞耻会让孩子变得自卑和懦弱。"

　　或许有人会质疑，如果孩子是真的犯了错呢？也要这样无条件地支持孩子吗？我想说的是，不是去支持，而是给孩子一个公正的对待。从我儿子上学以来，我唯一一次被老师"叫家长"，是因为儿子在学校打架了。

　　我心中带着无数个问号来到了老师的办公室，一进办公室，就看到脸上带着伤痕的儿子面朝墙站着，我几乎就要冲上去问他："为什么跟同学打架？"但是在看到儿子眼神的那一刻，我改变了主意，我在儿子的眼神中看到了"信赖"和"渴望"，我又怎么能让儿子失望呢？于是，我轻轻地揽过儿子，仔细地看了他脸上的伤，并轻声地问他："还疼吗？"儿子咬着嘴唇摇了摇头，但随即又点了点头，眼底的泪花若隐若现。

　　见我来了，老师也走了过来，向我说了当时的情况，当听到有人喊"打架啦"的时候，老师进去正好看见儿子将一个男孩压在身下打，老师上前拉开了儿子，儿子还一脸的不服气。而那个男孩因为鼻子被打流血了，不停地哭，周围的同学也都说是儿子先动的手，所以老师就把儿子叫到了办公室。

　　"哎，我看他平时也挺听话的，怎么还打起架来了？"老师说着，脸上摆出一副"恨铁不成钢"的样子，似乎对儿子的惩罚是为了他好。

　　"既然两个孩子都参与了这次事件，那为什么只让我儿子一个人在办公室站着，另一个孩子呢？"我没有理会老师的话，从当时的局面看来，这样的惩罚对儿子很不公平，我只想为儿子讨回"公道"。

老师显然没有意识到我会这样发问，愣愣地盯着我看了足有三十秒后，说："那孩子不是受伤了吗？所以让他在教室里休息。"说完，老师看了看我儿子脸上的伤，有些心虚，也不敢再看我的眼睛。

"可是我儿子也受伤了，所以我也想先让他回家休息一下。"说完，不顾老师在后面说了什么，就领着儿子走出了学校。

在回去的路上，想到儿子在学校的不公平待遇，这远比儿子淘气打架更让我难过。见到我沉默不语，儿子以为我生气了，试探着叫了声"妈妈"，在得到我的回应后，儿子又继续说道："妈妈，不是我先打他的，是他先偷了我的橡皮，我跟他要，他不给我，还推我，所以我才……"儿子说到这里，声音止住了，又过了一会儿，儿子再次开口说，"不过我也知道错了，不管怎么说，打人是不对，他只是推了我一下，我却把他鼻子打流血了。"

这正是我想说的话，但是儿子却自己说了出来。那一刻，我忽然觉得儿子长大了，像一个小男子汉。同时也感谢自己，幸好没有在孩子最需要我"挺"他的那一刻放弃他。

当然，没有家长会故意去伤害自己的孩子，很多伤害都是在无意中产生的，甚至有时候，这种"伤害"还会被我们贯以"为你好"的美名。如果我们曾不小心伤害过孩子，让孩子因此而伤心落泪了，请立刻向孩子说："对不起，能原谅我吗？"就这样简单的一句话，就能将孩子心底的伤抚平。

真诚地赞美孩子

　　赞美，可以鼓励和激发一个人的潜能，它可以让孩子更好地完成某件事情。记得我刚刚上学时，对语文并不十分感兴趣，作文也是写得马马虎虎。有一次，老师让写一篇游记，恰巧我母亲当时刚刚带着我游览了颐和园，所以那篇作文写得很用心。第二天，老师在我的作文本上写了大大的三个字"有进步"，而且还将我的作文读给了全班同学听。等母亲来接我时，老师又当着母亲的面表扬了我。也就是从那一刻起，我的内心突然生发出了对写作的热爱，总是盼着上作文课，并将这种热爱延续至今。看，这就是赞美的魔力，它就像是一根魔法棒，能够点石成金。

　　现在，越来越多的妈妈意识到了赞美的重要性，并且也在推崇"好孩子是夸出来的"这样的教育理念，可是夸什么和怎么夸却是一项技术活。

一个在家总是听到父母夸自己"你真棒"、"你真聪明"的孩子，当他到了学校，发现自己并不是那个最聪明的，也不是那个最棒的，甚至有时候还要被老师批评、被同学嘲笑时，这对他的心理冲击可想而知。

一个家长曾对我提起过她的孩子，她像所有的妈妈一样，不遗余力地夸奖孩子，直到有一天，孩子哭着对她喊："你别再说我聪明了，我一点都不聪明，同学们都喊我'笨蛋'！"孩子的话让这位家长震惊，并且从那以后，孩子开始厌学。难道夸奖孩子还错了吗？这位家长百思不得其解。

夸奖孩子没有错，但是要真诚地去夸。要去夸孩子的努力，不要去夸他聪明；夸孩子要具体，而不是笼统地夸一句"你真棒"。

儿子小时候总是爱和小朋友们抢玩具，抢不过就会号啕大哭，每次我都会耐心地劝说他，但是收效甚微。有一次，我带儿子到一个朋友家做客，不一会儿，儿子又因为玩具的问题跟朋友家的小孩起了争执。但是这一次，在我的劝说下，儿子终于将手中的玩具让给了朋友家的孩子，尽管他的态度并不友好，但足以让我感到惊喜。回到家后，我对家里的每一个人都夸奖了儿子的行为，明明可以用一句"你真乖"来代替的夸奖，我却将整个过程都复述了出来，尤其是说到儿子让出玩具的行为时，我的语气里掩饰不住的自豪与欣慰，这一切都被儿子看在眼里，他知道他的行为得到了妈妈的赞赏。从那以后，儿子还是会和小朋友抢

玩具，但是只要我一劝说，儿子就会选择让出。

这就是具体的夸奖和笼统的夸奖的区别，孩子能够知道自己哪里做得好，之后他才会继续将好的方面发扬光大。

还有一次，儿子的学校举办了儿童节的演出，家长们都被邀请参加。儿子在一个童话剧中饰演了一棵树。演出结束后，儿子问我他表演得好不好，我毫不犹豫地回答道："当然好了。"没想到儿子又接着问："哪里好呢？"

我忽然想到儿子曾在舞台上有晃动的动作，我原本以为是他站累了，或许这也是儿子的表演呢？想到这里，我试着说道："妈妈觉得你在演大树时，晃动的那几下比较好，好像被风吹动了一样。"儿子听到我的话，立刻兴奋得跳了起来，说道："妈妈，你太厉害了，这都被你发现了。本来老师让我站着不要动的，可是我想到大风吹起的时候，树是要晃动的，所以我就晃动了两下。"说完，儿子得意地笑了。我也重重地松了一口气。

紧接着，我又意识到，儿子能够想到这种表演方式，一定是他动了脑子才想到的，所以我还应该肯定一下他的努力，于是又对他说道："你能想到这些，一定动了不少脑筋吧？"儿子点点头，表示肯定。"妈妈非常高兴，你能如此认真地对待一个小角色。并且妈妈相信，如果你一直这样努力，会演好更多的角色。"

我的肯定与鼓励给了儿子不小的动力，因为他确实努力了，而他的努力被肯定了，所以从那以后，每当班级有需要表演节目的时候，儿子总是非常积极地参与，并且不管给他什么样的角色，他都能抱着十分认真的态度去对待。试想，如果我将当初的夸奖变成"你真聪明"又会产生什么样的结果呢？

赏识教育的提出者周弘说过："不是好孩子需要赏识，而是赏识使他们变得越来越好；不是坏孩子需要抱怨，而是抱怨使他们变得越来越坏。"周弘还说过："哪怕天下所有人都看不起你的孩子，做父母的也要眼含热泪地欣赏他、拥抱他、赞美他。每个孩子的生命都是为了得到父母的赏识而来到人间的。你的孩子是世界上最好的。"

每一个孩子都有上进心，包括那些缺点、毛病比较多的孩子，周弘老师的话都适用。当孩子由于进步或是做了好事而受到父母的赞美和鼓励时，他们会在情绪上得到满足，在精神上受到激励，在思想上产生快感，这样积极的内心体验就能增强孩子的自信心和自尊心。而自信心、自尊心、上进心的培养是促进孩子健康成长与成才的根本。

肯定孩子的每一次进步

在一次正面管教的公开课课堂上，一个叫小杰的男孩子说了一句话，让我至今记忆犹新。他说他从未受到过任何肯定。孩子说这话的时候，孩子的妈妈就坐在一旁，对孩子的话不置可否。这位妈妈确实从来没有肯定过孩子，她说一来她不会肯定孩子，二来她不想让孩子因为一点点的进步而骄傲。

后来，这位妈妈对我讲起了她小时候的事情。小时候，她很不会写作文，每次写作文妈妈都会批评她。于是她便下定决心要将作文写好，在她的努力下，她的作文终于得到了老师的表扬，她兴冲冲地跑回家，将这个好消息告诉妈妈，她满以为妈妈会很高兴地肯定她的努力。结果妈妈接过作文本，读过一遍之后，摇了摇头，对她说："写得还不够好，语言太平淡了，没有形容，也没有修辞……"妈妈的话就像一盆冷水，将她好不容易培养起来的写作热情给浇灭了。

后来，类似的事情又发生过很多次。比如：她上班后，用第一个月的工资到商场为自己的妈妈精心挑选了一件羊毛衫，拿回家送给妈妈，妈妈虽然很开心，但是嘴上却说着："以后别乱花钱了。"没有说一句关于这件羊毛衫多么合身，样子多么好看，哪怕是肯定一下她的孝心。以至于她的母亲患病去世后，在她的记忆里竟没有一句母亲肯定她的话。

讲完自己的故事，这位妈妈忽然意识到，她在不知不觉中也成了自己的妈妈。童年的一切，都会成为印记刻在我们的生命中，成为我们性格不可分割的一部分。这位妈妈从小没有得到过肯定，所以自己成了妈妈后，也不会去肯定自己的孩子，那么将来她的孩子也容易成为像她一样的人。

那次课结束后，我建议她想要改变，就先从改变对孩子的态度开始。她听从了我的建议，没隔多久，她再次找到了我，喜滋滋地向我分享她最近取得的成果。

她的儿子小杰一直在学小提琴，为了能够督促儿子，每次上课，她都跟着一起上，回家后，她再陪着小杰一起练琴，帮助小杰指出不足之处。学了大概一年多，小杰对小提琴开始出现了抵触的情绪。问及原因，就是拉小提琴没有信心，每次他拉完一段，母亲总要挑一些错误出来，有时候他认为自己很用心地拉，而且发挥得还不错，应该得到母亲的肯定时，得到的却永远都是"下一段"的回应。这让小杰备受挫折，

渐渐地就衍生出厌烦的情绪了。

那次上课过后，小杰的妈妈改变了方式。第一天，当小杰拉完一段后，小杰妈妈习惯性地去听小杰练习中产生的错误，所以当一段拉完后，她竟找不到肯定的理由。于是她只好说道："不错，继续。"没想到仅仅"不错"这两个字，就给了小杰极大的鼓励，小杰一口气将整曲都拉完了。这一次，小杰的妈妈由衷地认为儿子进步很大了，以前拉一段都是断断续续的，现在竟然拉完整首曲子，而且越来越流畅。

小杰的妈妈很想说两句肯定孩子的话，但是她却发现由于自己以前从未肯定过孩子的任何进步，所以那一刻竟然词穷了。还好她灵机一动，将语言化为了掌声，这无言的肯定，让小杰觉得原来自己拉小提琴也不是那么差劲了，原本已经渐渐熄灭的热情之火，又渐渐地燃烧了起来。

就算是大人，得到了他人的肯定，也会兴奋好一阵，更不要说孩子了。能够在自己取得进步时得到妈妈的肯定，对孩子而言就是最好的奖励。可有家长对我说："我看不到一点孩子的进步，让我怎么去肯定呢？"

回想孩子小的时候，趴着的时候头抬得比昨天高那么一点点，站的时候比昨天稳了那么一点点，走的时候比昨天又能多走一步，我们都会欢欣鼓舞很久，不停地对孩子给予肯定。为什么长大后，我们对孩子的要求就要变得苛刻呢？为什么上次考了85分，这次考了86分，在我们的眼里就不再是进步了呢？不是孩子没有进步，而是我们对孩子的要求变高了，所以看不到了。进步，有时候仅仅是上次做题错了五道，而这一次错了四道；有时候仅仅是将捡到的铅笔、橡皮交给老师；有时候仅仅是主动向邻居的叔叔阿姨问好。

　　作为妈妈，我们要善于去发现孩子身上哪怕一丁点的进步，然后对这些进步做出及时的肯定。孩子能够从我们这份诚恳的肯定中，感受到妈妈的爱与信任，从而明白自己下一次应该怎么做，怎么做才能让自己再次得到妈妈的肯定。

不在人前批评孩子

当孩子在公众场合犯了错，妈妈到底要不要当众指出呢？当然要，但是却不是打骂，而是跟孩子摆事实、讲道理，让他明白自己错在了哪里，应该如何改进。

在一次参加朋友的宴席上，跟我同坐一桌的有两个六七岁的小孩。当时，宴席还没开始，新郎新娘还站在台上，司仪正在声情并茂地主持着，服务员们忙着给各个桌子上菜，不一会儿，桌上就摆满了诱人的油焖大虾、五彩的水果拼盘……这让两个孩子忍不住眼睛发亮、口水直流。

这时，一个孩子情不自禁地拨动了桌子上的转盘，将水果拼盘转到了自己的面前，他想先吃几片水果解解馋。孩子的手刚一抬起，就被坐在他身边的妈妈发现了。只见这位妈妈用手肘轻轻碰了碰孩子，孩子立刻转过头，不明就里地看着妈妈。孩子的妈妈微微地摇了摇头，孩子瞬间明白了妈妈的意思，吐了吐小舌头，将抬起的手放下了。

过了一会儿，另外一个小孩也忍不住了，他也像之前的小男孩一样，将水果盘转到了自己的面前，就在他的手刚刚触碰到水果盘的时候，坐在他身边的妈妈忽然拿起筷子，用力地在孩子的手背上敲了两下，疼得孩子立刻将手缩了回去，但是这还没完，那位妈妈又用几乎全桌人都能听到的声音骂道："大家都没动手呢，就你馋！"孩子听到妈妈的话，顿时小脸涨得通红，小嘴撅得老高，眼泪就在眼眶里面打转。

大家连忙打了圆场，甚至还有人将筷子塞进孩子的手中，说孩子饿了就先吃，但是孩子却把筷子扔到了一边，丝毫不领情。就在孩子妈妈欲再次发作时，主持人宣布宴席开始了。孩子的妈妈没好气地对孩子说："现在吃吧。"

原本同样很高兴的两个小孩，此时却是截然不同的两种状态：一个愉快地大快朵颐，另一个却吃得郁郁寡欢。

孩子在公众场合做错了事，有时候是会让大人感到难堪，但是作为妈妈，我们不能只顾着自己出气，却丝毫不顾及孩子的颜面。英国教育家洛克说过："父母不宣扬子女的过错，则子女对自己的名誉就愈看重，他们觉得自己是有名誉的人，因而更会小心地去维持别人对自己的好评；若是你当众宣布他们的过失，使其无地自容，他们便会失望，而制裁他们的工具也就没有了，他们愈觉得自己的名誉已经受了打击，则

他们设法维持别人的好评的心思也就愈加淡薄。"

孩子的心灵犹如刚刚长出的花骨朵，娇嫩脆弱，十分容易受到伤害。而我们的职责就是守护这朵"花骨朵"，让他们能够茁壮成长。因此，当众批评孩子，绝对不是可取的教育方式。无论何时，尤其是当着众人的面，我们应该考虑到孩子的感受，即便他们的行为有失偏颇，也应该给孩子留有余地，让孩子感受到妈妈的尊重和理解。

做个说到做到的好妈妈

我国古代有"曾参杀猪"的故事。故事是这样的：一天，曾参的妻子去赶集，小儿子哭闹着要跟着去，曾参的妻子被纠缠得无奈，便对孩子说："你要听话，留在家里，妈妈回来杀猪给你吃。"孩子被哄住了。曾参的妻子从集上回来时，见曾参正准备杀猪，就上前阻止说："不过是哄孩子玩的，怎么真的要杀猪呢？"曾参说："孩子是不能欺骗的，今天你说话不算数欺骗孩子，就是教孩子说假话。"于是，曾参杀掉正养着的猪，兑现了妻子随口许下的诺言。

我儿子三岁多时，有段时间他对海洋生物特别感兴趣，于是我便承诺说要带他到海洋馆参观。然而，刚答应完儿子，繁重的工作就接踵而来。几乎每天下班回家，儿子都会问我："妈妈，我们什么时候去海洋

馆？"我每次的答复都是："等妈妈休息的时候，就带你去。"然而，等我真的休息时，又想好好睡一觉，于是带儿子去海洋馆的计划一再拖延。渐渐地，儿子也不再问我，我也乐得清闲，心想：总有一天会带他去的，只是时间问题。

没有想到，我在儿子的眼中已经变成了不折不扣的"匹诺曹"。那天，我带着儿子到母亲家过周末，我在厨房里准备午饭，母亲带着儿子在一边讲故事。当时我母亲讲的故事就是"匹诺曹"，只是故事讲完了，儿子却不买账，直言姥姥"骗人"，因为说谎的人鼻子是不会变长的，比如妈妈。

当儿子的小手指着我的时候，母亲的目光也犹如一道闪电般凌厉地射在我身上。我一头雾水："妈妈什么时候骗你了？"我问儿子。

"你说带我去海洋馆，却一直没有去。"儿子回答。

我这才恍然大悟，于是立刻为自己辩解。

"那是因为妈妈工作比较忙，等不忙了一定带你去！"

"你上次说，我要是不哭了，就给我买糖吃。后来我就不哭了，可是你也没有给我买糖吃！"儿子说的事情，我都记不清什么时候发生过。但是类似这样的事情，好像还有很多，儿子滔滔不绝地说了很久。

我曾说，这个玩具坏了，再买个新的。但是却一直没买。

我曾说，天气暖和了，就带他去郊游。但是夏天都快要过去了，却一直没去。

我曾说，只要他乖乖睡觉，妈妈就在梦里跟他玩耍。但是他睡觉了，妈妈却没有到他的梦里。

……

儿子列举的种种"罪状"，有的我依稀记得，有的只是当时脱口而出的话语，过后早就忘得一干二净了。没有想到，儿子却记得如此清楚。更加可怕的是，我突然意识到，生活中儿子有时候说话不算数的行为，并不是因为他年龄小自控力差，而是因为我的"言传身教"。

我们从小就给孩子讲《匹诺曹》、《狼来了》的故事，希望能培养出一个诚实守信的孩子，但是自己却在有意无意地做着"反面教材"，轻易地许诺，却又从不兑现，这样的言传身教，可要比记事本、故事书更加有感染力。

作为对孩子影响最深远的人，我们在向孩子许诺时，一定要考虑清楚，自己是不是真的打算这样办？能不能兑现承诺？承诺一旦许下了，那么就要当真去做。只有这样，才能做孩子的榜样，赢得孩子的信任。

不与别的孩子比

据说，在所有小孩的心中，都有一个永远打不败的敌人，这个敌人的名字，就叫作"别人家的孩子"。

父母在教育孩子的时候，经常会拿邻居家的孩子、朋友家的孩子，或是孩子的哥哥姐姐、弟弟妹妹与孩子做比较，如"邻居的小明考了100分，你看看你才考了90分"、"你看妹妹多乖，你看你就知道淘气"……诸如此类的比较，家长是试图以这种方式让孩子认识到错误，希望孩子能够找到学习的榜样。殊不知，"比较"的方式只会让孩子丧失信心，产生自卑感，当自卑感在内心膨胀到一定的程度，孩子就会向相反的方向发展，甚至做出极端的行为。

一次，先生的朋友组织了一次家庭聚会，一共有四个家庭参加。因为当时正值期末考试过后，所以家长们谈论的话题围绕着考试成绩展开。

"丁丁，你考了多少分呀？"琪琪妈妈上来就问。

"语文98，数学100，英语100。"丁丁昂着头，骄傲地说。

琪琪妈妈一听到，就连忙夸奖道："哎哟，考得真好！"但紧接着话锋一转，转向了自己女儿的身上，"你看人家丁丁怎么考得那么好，你再看看你的成绩！"本来一进门挺高兴的小姑娘，立刻变得像蔫了的树叶。

接着，琪琪妈妈又问了其他两个孩子的成绩，然后每次问完，都不忘与自己的女儿对比一下。可能是心情不佳的缘故，在帮大家倒果汁的时候，琪琪不小心打翻了果汁瓶，站在一旁不知所措。丁丁反应比较快，连忙帮忙递上餐巾纸，然后还帮琪琪清理身上的果汁。琪琪妈妈见状，又立即夸奖道："丁丁真是懂事！"但紧接着后面又加了一句，"你跟丁丁学学，就知道傻站着！"

声音虽然不大，而且也不严厉，但是琪琪的眼中不一会儿就溢满了泪水。琪琪妈妈似乎感觉到很没有面子，训斥琪琪道："做错事还有脸哭呀？"听到这话的琪琪坏情绪爆发到极点，冲她妈妈叫嚷道："你那么喜欢别人家的孩子，为什么还要生我？让别人给你当孩子不就行了？"说完，琪琪抹着眼泪跑出了房间。

琪琪妈妈的本意是希望孩子能够向其他孩子学习，从而变得更加优秀。但是不但没有起到预期的效果，反而令孩子更加反叛。由此可见，"比较"的方式不但不能够激发孩子的学习动力，让孩子积极进取，反

而会让孩子感到痛苦、自卑、委屈、窝火，觉得自己真的"不行"，甚至从心底里厌恶、讨厌自己的爸爸妈妈。这最终会摧毁孩子的自信，伤害孩子的自尊，让孩子出现"破罐子破摔"的极端行为。

思想大师奥修曾说："玫瑰就是玫瑰，莲花就是莲花，只要去看，不要比较。"我觉得这句话用在孩子的教育上也完全行得通。每一个孩子天生就有差别，能力不同，性格不同，爱好特长也不同，他们分别有自己擅长的领域。我们作为父母，不能单一地从某一个方面去比较，而应该想办法找到孩子的长处，哪怕是从再微不足道的小事中，也要让孩子发现自己的优点，这才是激励孩子变得更好的重要办法。

就拿琪琪来说吧，她本身具有很多的优点，比如一进门第一个与在场的叔叔阿姨们打招呼，比如脱下来的衣服会整整齐齐放在一边……如果真的希望孩子能够吸取别的孩子身上的长处，正确的做法不是和别人去比，而是拿孩子的过去和现在作比较，并且称赞"改变"后的孩子，让孩子有信心和勇气去尝试新的东西。

帮助孩子成长为更好的人是每个家长义不容辞的责任，但是在这之前，我们首先要明白，每个孩子都是不同的，任何两个孩子之间是没有可比性的。如果我们希望孩子变得更好，就要静下心来，多观察自己孩子身上的优点，然后用"放大镜"将其变大。

放低姿态，家长也要向孩子道歉

在生活中，我常见到孩子犯错后，必须向家长道歉，但是家长犯了错，却极少有向孩子认错的。为什么孩子错了就必须道歉，而父母做错了却可以不说"对不起"呢？这对孩子是不是有些不公平呢？传统家庭观念认为，父母象征着家庭的权威，因此为了维护这个权威，即便是父母做错了事情，也不会承认，否则就会令自己"颜面无存"，再也无法建立起威信。

事实上，父母和孩子之间是平等的关系。如果因为我们"好面子"而无法承认自己的错误，并且让孩子承受冤屈，这不仅会给孩子带来莫大的伤害，也会让孩子陷入迷茫之中，让孩子产生一种"妈妈总是出错，却永远都说自己正确"的观念，时间长了，即便是妈妈做得正确，

孩子也会置若罔闻了。想要得到孩子的尊重，并不是极力掩盖自己的错误，而是正面向孩子检讨自己的错误。

记得我上小学时，父母为了改善家里的经济状况，会做点小生意。他们第一次到北京的批发市场进货就带上了我，那是我第一次到北京，面对大都市的繁华，我感到惊奇不已，任何东西对我而言都是那么新鲜，所以一路上眼睛都处于"不够使"的状态。为了避免当时正处在"好动期"的我闯祸，父母一直在叮嘱我："只能看，不能动。"父母的禁令虽然让我很不开心，但还是乖乖遵守了。

就在父母在市场里货比三家的时候，一个人风风火火地从我身边跑过，我被撞了一下，巨大的冲击力让我的小身体左摇右晃之后，重重地倒在了一个摊位上，放在柜台上的陶瓷储蓄罐就这样被我碰掉在了地上。随着"啪"的一声脆响，我的心也跟着裂开了，完了，一定要挨骂了，我低着头，看着一地的碎片，等待着父母批评。果然，不出我所料，听到响动的父母立刻走了过来，不分缘由地对我训斥道："让你只看别动，你怎么就不听话呢？"父母的话虽然不重，但是却让我感到十分难过，我本欲开口解释，但是刚一张嘴，眼泪就"吧嗒吧嗒"地掉了下来。

父母见我哭了，便没再说什么，开始与店主商量索赔事宜。结果那个店主却说不用赔了，一来一个存钱罐没有多少钱，二来他亲眼看到了我被人撞了，才碰到他的柜台，所以他认为我不是故意的。听到店主这么说，父母才意识到冤枉了我。

率先对我提出批评的父亲马上走到我的身边，用手摸了摸我哭花的小脸蛋，诚恳地说道："闺女，对不起，爸爸妈妈冤枉你了，我们没有问清事情的原委就批评你，是爸爸妈妈的不对。"听到父亲的话，我就像是陈年的冤屈得到了洗刷一般，立刻觉得不再委屈了。

店主见状，啧啧感叹道："你们还真宠着孩子呀，还要跟孩子道歉。"那语气就仿佛听到了天方夜谭一样。父亲连忙解释说："不，不是宠，是尊重。大人做错了事情，也应该向孩子道歉，这是对孩子的尊重。"

在那个年代，父亲提出"尊重孩子"的理论，显然让周围的人还无法接受，但是思索了良久后，他们也立刻随声附和道："对，对。""人非圣贤，孰能无过"，父母教育孩子的过程也是一个教育自身的过程，尤其是作为妈妈，与孩子相处的时间更多，教育孩子的机会也更多，谁又能保证自己在这个过程中不会出现一丁点错误呢？出现错误没什么，妈妈向孩子道歉也不是一件丢脸的事。只要能够敢于承认自己的错误，并有勇气改正，就是对孩子最有效的教育与培养，同时也是让亲子关系更加和谐的途径，更加重要的是，当我们能够在犯错时及时向孩子道歉，那么孩子也就能学会用相同的态度去对待他人。

但这里值得注意的一点是，既然向孩子道歉了，就应该以此为戒，不能够道过歉后就将错误抛诸脑后，再次犯同样的错误，这样道歉就失去了意义。另外，在道歉时，要明确地将自己的错误指出，不能笼统地用一句"对不起"带过。比如：如果我们在公众场合批评了孩子，就应

该对孩子说："对不起，妈妈不应该在公众场合批评你，忽略你的自尊心。"只有这样，孩子才能更好地接受我们的道歉。否则，孩子不但难以感受到我们的真心，同时在他自己出现错误时，也不知道该如何去发现自己错在了哪里。

我们总想在孩子面前做一个十全十美的人，可是世界上哪里有十全十美的人呢？与其为了掩饰自己的错误，不肯低头向孩子认错，倒不如坦率地承认自己的不足，放下家长的架子，真诚地给孩子道歉。当孩子被我们平等地对待，体会到我们的爱时，他们不但不会因为我们犯了错而轻视我们，反而还会由衷地佩服我们的修养和气度。

第六章

情绪管理：调节好自己情绪，管理好孩子情绪

惩罚无度，会给孩子造成一辈子的伤害

摒除浮躁，言传身教让孩子学会耐心

妈妈要学会控制自己的脾气

不要对孩子使用冷暴力

给孩子一个理解你的机会

愤怒容易错怪孩子

惩罚无度，会给孩子造成一辈子的伤害

孩子做错了事情要不要惩罚？有人赞成，所谓"不打不成材"，有人反对，认为孩子不能惩罚。而我是中间派，认为孩子可以惩罚，但是要有度。

过度惩罚会带来很严重的后果，会对孩子的心理造成难以磨灭的伤害。

在我刚参加工作时，有一次，公司里只剩下我和另外一个同事，忽然停电了，他吓得大叫了一声，连忙呼唤我的名字，我走到他的身边，可以清晰地感受到他的颤抖。一个大男人怕黑，这多少让我有些意外。但是出于同事之间的关心，我还是轻轻地拍了拍他的肩膀，对他说："没事，别害怕，一会儿应该就来电了。"

"你为什么怕黑呀？"我问道。等了半天，他说话了。

"你小时候被妈妈关进过衣柜里吗？"他问我。

"没……没有。"我不知道他为什么会这么问。

"我被关过，关了整整一天一夜。"

他的回答让我的身体一颤，不禁"啊"出了声。

"因为我拿着我妈的口红到处乱涂，她一生气，就把我关进了大衣柜中，并反锁了门。我很害怕，不停地敲门，求她打开，但是她都不理我。后来我哭着向她认错，她也不理我。我以为自己会死在大衣柜里。直到第二天她才把我放出来，当时我已经奄奄一息了。而我醒过来后，她的第一句话是问我'长记性了没'，从那以后，我就开始怕黑，晚上睡觉不敢关灯，但是她却从来不允许我开灯，我只能蜷缩在被窝里，在恐惧中睡着。这应该算是'长记性了吧'。"说完，他笑了两声，像是对自己的嘲笑。

就在这时，电来了。他迅速在脸上抹了抹，收拾了东西离开了。如果他的妈妈不用那样过激的手段惩罚他，他应该会成长为一个乐观开朗的人。他的妈妈的怒气是消散了，但是在孩子心里留下的伤害却一辈子也抹不掉了。

过度地惩罚孩子，可能会让孩子一时间记住当下的教训，但是却会给孩子的成长留下更大的隐患，身体上的创伤或许会痊愈，但心理上的创伤却要伴随孩子一生。因为童年时代经历的每一件事情都会在个人的生命轨迹中留下印记，这些印记会深刻地影响他的成长。家长认为惩罚

孩子只是一件小事，但在孩子看来，这无异于"狂风暴雨"。

既然不能打骂，不能过度惩罚，那孩子犯了错误应该怎么办呢？当然不能听之任之，但是我们可以用更好的办法。

有一次，儿子正在写作业，楼下的壮壮来找儿子玩。为了能够早点与壮壮一起出去玩，儿子的生字写得歪歪扭扭、潦草至极。老师留下书写生字的作业，目的就是让孩子们在书写的过程中记住这个生字，但儿子这样做明显就是在糊弄。我当时十分生气，想将儿子的作业撕掉，然后让他重新写一遍。

可是这样就能让儿子记住这个教训吗？恐怕能够让他记住的，只有妈妈的"不通情理"。所以我决定换个方式，我将正准备出门的儿子叫了回来，然后当着他的面，擦掉了他所有写得不规范的字，然后对他说："妈妈认为你这样写字，跟不写没有什么区别，所以，今天就惩罚你不准写字。"

"明天会被老师骂的！"儿子看到我，一脸惊恐地说。

"那就是你的事情了，既然不想好好写，那就干脆不要写。"说完，我不由分说地将儿子的作业本没收了。儿子几次想要回去重新写，都被我拒绝了。可想而知第二天儿子会遭遇什么，但是从那天开始，儿子再也不敢糊弄了。因为比起重新写一遍生字，"不让写"的后果更加严重。

我相信每个孩子都不会刻意去犯错误，也相信家长如果不是被气急了，也绝不会过度惩罚孩子。但是我们要知道，当孩子犯了错误时，他们的内心也会生发出内疚感和自责，我们为什么还要用过度的惩罚来继续加深孩子内心所受到的伤害呢？爱孩子，第一步就是在孩子犯了错误时，管住自己的脾气，不要打骂孩子，更不要对孩子惩罚无度。

摒除浮躁，言传身教让孩子学会耐心

在网络上有这样一个视频：

在一个人来人往的广场上，人们纷纷被一组街头艺人的表演所吸引了。街头艺人分别饰演了一对母子和一对父母。

孩子们几次想要与爸爸妈妈们沟通些什么，却都被爸爸妈妈无情地打断了。起初只是不耐烦地挥手让孩子们离开，后来是大声呵斥他们，到最后竟做出殴打孩子的动作。

每一个驻足观看的人们，眼神中都流露出难过的神色，而我看完这个视频后，内心像被什么堵住了一样，视频中父母那可怕的表情和孩子害怕的样子，令我久久喘不过气来。

因为视频中的那对家长，多么像生活中的我们啊。

当我们教了很多遍的数学题，孩子依旧不会的时候，我们是不是就忍不住对孩子喊道："你怎么怎么笨？"当我们提醒了孩子很多遍，但是孩子依旧不听的时候，我们是不是就忍不住对孩子喊道："我都跟你说了多少遍了，你怎么就是不听呢？"当我们希望孩子能够明白我们的苦心，但却总是事与愿违的时候，我们是不是就忍不住对孩子喊道："我再也不管你了？"……

我们这样责备孩子，到底是孩子越大越不懂事，还是我们因为这个世界太浮躁，失去了太多的耐心呢？在这个世界上，最该得到我们的耐心的人，就是我们的孩子。

有一个母亲，当她发现自己两岁的儿子还不能发音时，便带孩子到医院检查，却被告知孩子可能是自闭症。这个消息对一个母亲而言简直是晴天霹雳。但是她却没有因此而放弃，并决定对孩子付出更多的耐心。从那时起，她每天都坚持给孩子讲故事。一个个小故事，她反复地讲。每天睡觉前，都要拉着孩子的手，对孩子说这一天妈妈做了什么，想了什么。在她的努力下，孩子终于在五岁那年叫出了"妈妈"，接着又叫出了"爸爸"，渐渐地，孩子成了非常正常的孩子。

这就是耐心所创造的奇迹。同样，如果我们能够学习这位母亲的耐心，无论何时都能够用心平气和的心态来对待，那么在我们的言传身教下，孩子也会学会耐心。

一年级放寒假时，我带着儿子回了趟老家，谁知赶上了大雪，火车晚点，候车室里挤满了人，根本没有坐的地方。儿子不停地问我："妈

妈，火车什么时候来呀？"嘈杂的环境，满身的疲惫，再加上儿子不停地发问，我能感觉到烦躁在自己的体内不停地膨胀，我几乎脱口而出："别问了！我也不知道！"但是，当我看到儿子同样烦躁并带着恐慌的神情时，我深深地吸了一口气，并在心中劝自己道："这不是孩子的错，千万不要向孩子发脾气。"当我的情绪渐渐平稳下来时，我蹲下身子，搂过儿子的肩膀，对他说："宝贝，妈妈也不知道火车什么时候能来，但是我们现在除了耐心地等待，已经没有更好的办法了。你看看，不管是骂人的大人，还是哭泣的孩子，他们同样只能在这里等。"

儿子看了看周围，无不担忧地问我："那这么多人，等火车来，我们会不会上不去车呢？"

"不会的。"我扬了扬手中的票，继续对他说，"我们有票啊，只要有票就能上车。"

儿子看我自信满满的样子，终于放下心来。那天的火车晚点了四个小时，我就和儿子坐在候车室角落的地上，靠猜谜语和讲故事度过了这段漫长的等待时光。

儿子开学了，有一天我和先生都临时有事，无法到学校接儿子放学，只能委托我的母亲去，我母亲却在接孩子的路上扭伤了脚。儿子在学校一等就是两个小时，在这两个小时的时间里，儿子写完了家庭作业，还跟老师聊了天，直到我风风火火地赶到学校，儿子也没有流露出一丝"等久了不耐烦"的情绪。老师还笑着跟我说，儿子就像个小大人，居然开解老师说："着急也没有用，只能慢慢等。"

　　我很感谢自己在等火车时，没有将内心的焦虑和烦躁传达给儿子，否则儿子就无法学会去控制自己的情绪。其实，在我们的生活中，处处存在着培养孩子情绪智商的素材，只要我们学会控制住情绪，就会对孩子产生积极的影响，让孩子在成长的过程中体会到更多的愉悦情绪，并能够以更加积极的心态去学习和处理人际关系，这会让他的成长之路走得更加顺畅。

妈妈要学会控制自己的脾气

有一位妈妈向我诉苦："我总是控制不住自己的火气，看到孩子捣乱不听话，火气就上来了，几乎控制不住自己打骂孩子，可是每次打骂过后，心里又很后悔……"这位妈妈的"苦衷"几乎存在于每一位妈妈的身上。

我一直不赞同用打骂来教育孩子，但是当孩子犯错误、淘气的时候，我也会不可避免地生气，尤其是有时候不管自己怎么说，儿子都完全听不进去时，真的很难控制自己的脾气。可是为了做一个好妈妈，我只好极力忍耐着，但是这样的忍耐没能让我成为一个好妈妈，反而还将自己憋出了"内伤"，经常因为火气积压在心中，导致失眠烦躁，然后隔三岔五就要"爆发"一次。这里首当其冲受到伤害的，就是我先生。

虽然脾气没有发泄到儿子身上，但是我与先生之间的争吵却严重影响了儿子。有段时间，只要我与先生说话的声音大一点，儿子就会吓得立刻躲进自己的房间。

可见，靠忍耐去控制火气，只能令情况更加糟糕。相对于令自己的火气肆意喷发，适量的忍耐当然很有必要，但是如果长期靠忍耐来控制火气，绝对不是长久之计。因为大多数情况下是忍耐不住的，即便忍耐住了，怒气也会挂在脸上，孩子一样感受得到。其实，偶尔发一次火，并没有大碍，只要在发火之后，能够跟孩子真诚地道歉，孩子就能够原谅我们。如果是经常性地发火，那即便是道歉了也没用。对于孩子而言，如果有一个经常处在愤怒情绪中的妈妈，孩子就会缺乏安全感，遇到困难时很容易选择放弃。

因此，我们要学会的，不是忍耐，而是控制自己的情绪。

首先，我们需要明确一点，让我们产生怒火的不是孩子本身，而是我们的执着和对孩子行为的不理解。很多时候，我们生气，并不是孩子做得不够好，而是因为孩子所做的没有达到我们的要求。儿子刚刚上小学时，每天早晨起床后总是拖拖拉拉，洗脸刷牙都要磨蹭好一阵子，有时候光是看着牙膏筒上的图画都能研究半天。我时常是一边看着时钟，一边吼儿子"快点"！可越是这样，儿子就越是不知道自己该怎么办，只能茫然地站在卫生间里。"你嫌他慢，帮他做不就行了吗？"在我又一次催促儿子时，先生不满地提示我。

"这明明是他自己的事情，就应该他自己做。"我不服气地回应道。

"那既然是他自己的事情，你为什么还要催他呢？他自己想怎么做就怎么做。"

先生一语中的，我立即意识到，我是以我的标准在要求孩子，孩子达不到，我就会着急生气。认识到这一点之后，我不再执着于让孩子达到我的标准。很快我就发现，这样做以后，那些莫名其妙的怒气竟然少了很多。当孩子写作业慢时，我不再生气了；当孩子早晨赖床时，我也不再生气了……久而久之，我竟惊喜地发现，不单单是对孩子，对任何事情，只要放下自己的执念，都能够做到心平气和地去对待。与此同时，我又发现，当我们不再火冒三丈时，会发现曾经我们以为孩子那些无理取闹、不可理喻的行为，其实并没有什么。比如：我曾经会因为儿子玩完玩具不收拾而生气，认为自己的东西就应该收拾好。可是当我改变了自己的认知后，我的理解就变成了，玩具并非每次玩完都要收拾好。

而自己这样改变了之后，我发现以前儿子那些让我不能理解的行为背后，都有孩子自己的原因。就拿不收拾玩具来说吧，他没有将玩具收拾起来，是因为他第二天还想在这个基础上继续玩。在大人眼中，那只是一些摆放得乱七八糟的玩具，但是在孩子的眼中，那些是他辛苦建造起来的"世界"，所以他们才不愿意收拾起来。

当我们能够不以自己的标准去要求孩子，并充分理解孩子行为背后的原因时，我们离能够控制自己情绪的好妈妈就不远了。虽然这个过程中需要我们不断地去反省自己的行为，但是这绝对是值得的。因为中国有句俗语："龙生龙，凤生凤，老鼠的孩子会打洞。"这其中虽然也有一部分遗传的基因，但更多的是孩子对大人的模仿。每个孩子的身上都会有父母的影子，父母的语言、行为、情绪都在不知不觉中影响着孩子。不要以为我们隐忍不发孩子就感觉不到，恰恰相反，妈妈的每一个细微的情绪变化，孩子都能够敏锐地感受到，这一点是孩子在母亲腹中就练就的本领。

当我们能够平和下来，面对一个淘气的孩子不再表现出抓狂的样子时，我们就会发现，曾经那个总是闯祸捣乱的孩子，不知道什么时候也变成了乖孩子。

❦ 不要对孩子使用冷暴力

　　有时候，孩子在情绪激烈时，可能会对家长的话置若罔闻，当我们对孩子感到无能为力时，可以暂时不去理睬孩子的行为，给他们一段时间，等他们的情绪平复下来，再进行处理，或是当孩子表现出认错的行为时，立刻以微笑面对，这种方式叫作"冷处理"。若是孩子的情绪已经平静下来了，父母仍对孩子不理不睬，那就不再是"冷处理"，而是"冷暴力"了。冷暴力，就是用不理睬的方式逼迫孩子同意我们的要求，或者让孩子因此印象深刻，以示对孩子的惩罚。

　　在亲子节目《爸爸去哪儿》中，郭涛的儿子给我留下了深刻的印象。当村长李锐问他"爸爸爱你吗"时，他不太自信地回答："有时候会爱吧。"村长诧异："有时候爱你？"石头假装洒脱地回答说："不理我就是不爱我呗！"

一句话引出了不少人的辛酸。这是一个孩子的真实感受，对于孩子而言，不爱最起码的表现就是不理不睬。这也是很多家长用来"对付"孩子的手段，有时候这种"冷暴力"比打骂更加可怕，打骂至少说明家长还在关注自己，而不理不睬则彻底将自己置于不被关怀的境地之中，时刻忍受着"妈妈不爱我了"的恐慌。

我有一个表姐，从小别人问她"爱爸爸还是爱妈妈"时，她的回答永远都是"爱爸爸"，原因就是她认为妈妈不爱她，这一点直到她成年后也没有改变。究其原因，就在于在她成长过程中，母亲给予她的冷暴力。记得我很小的时候，表姐的母亲向我母亲传授育儿心得："孩子不能打，万一打坏了，后悔一辈子。不听话，就不理他，晾他两三天，保准乖乖的。"说完，表姐的妈妈就举了她的"成功案例"。

"有一次，小囡（表姐的小名）上学忘了拿书，我批评她，她还顶撞我，我一气之下一个星期没理她。每天早晨就把零用钱放在桌子上，有什么需要说明的事情，我就给她写纸条。一个星期以后，我才跟她说话，果真从那以后，她再也没有忘记拿书，而且在我批评她的时候不敢再顶撞我了。"

望着表姐母亲一脸自豪的表情，当时并没有什么育儿经验的母亲信以为真，当天就因为我淘气而板起脸不理我，尽管我向她承认了错误，母亲从心里也原谅了我，但是为了教训我，便硬是摆出一副不理睬我的样子。

那天晚上，我睡着觉就哭了起来，并且边哭边说道："妈妈，别走……"当时睡眼蒙眬的妈妈因为这句话立即就清醒了，她后悔自己听信了表姐母亲的"经验"。第二天，母亲真诚地向我道了歉，并且从那以后，再也没有用"不理睬"惩罚过我。

再来看我的表姐，长大成人后开始有了自己的思想，每当她的看法与母亲产生分歧时，从来不会为自己辩解，直接就是闭口不言，于是母女俩就陷入"冷战"之中，这让同在一个屋檐下的表姐父亲苦不堪言，直言自己的家有时候就像"冰窖"。到了谈婚论嫁的年龄后，表姐领回家一个对象，但是表姐的母亲却怎么看都不顺眼，怎么也不同意表姐的恋情。表姐虽然很听话地遵从了母亲的意愿，但是从那以后，长达一年没有跟母亲说过一句话，关系最紧张的时候，甚至不愿意跟母亲坐在一张饭桌上吃饭。表姐的母亲一开始还能沉得住气，但是当她发现如果她不开口说话，表姐大有一副永远不打算理她的趋势，这开始让表姐的母亲感到害怕，同时也意识到了自己曾经的"冷暴力"如今遭到了"报应"。

表姐曾对我说过，每当她母亲不理睬她时，她都感觉十分痛苦，甚至想过一死了之。因为母亲的影响，当她与朋友之间有了矛盾后，也会不自觉地采用冷暴力对待对方，直到朋友主动跟她认错，那时她心中才有一种"报复"了的快感。

这是多么可怕的后果。心理学家认为，在家庭教育中，长期遭受冷漠的孩子容易产生孤僻性格，不愿和别人交流沟通，心理不能健康地发展，孩子也会在潜移默化中变得很冷漠，对他人也会漠不关心，甚至有可能成为冷暴力这个"接力棒"的传递者，尤其是他们在处理自己家庭问题时也可能出现障碍。

　　"冷处理"只是我们在逼不得已时采用的手段，而"冷暴力"却是有意而为之的伤害。家长们万万不可"冷处理"过了头，变成"冷暴力"。

给孩子一个理解你的机会

人与人之间最重要的就是理解和沟通，父母和孩子之间更是如此。当我们因为孩子"不懂事"而愤怒时，不妨想一想，是孩子真的"不懂事"，还是我们与孩子之间缺乏理解呢？

主持人小S经常会在网络上爆料一些她的育儿经，这其中令我印象最深的一条就是她如何让孩子学着去理解她。比如，当她拖着疲惫的身体回家准备休息时，她的女儿却要求她陪自己玩儿时，她会郑重其事地告诉女儿："妈妈现在很累，如果不让妈妈睡觉，妈妈就会死。你想让妈妈死吗？"孩子当然不愿意让妈妈死，所以她们不再打扰妈妈休息，同时她们也理解了妈妈也会累，也需要休息，如果打扰了妈妈休息，就会导致严重的后果。又比如：当她心情很烦躁的时候，她会摆着臭脸对孩子说："妈妈现在很烦躁，所以请你们到别处去。"

妈妈也是一个普通人，所以不能成为最完美的妈妈。实际上，我们根本不必苛求自己成为一个完美的妈妈：即便内心已经被孩子气得怒火攻心了，还要假装自己没有生气，和颜悦色地叫孩子"乖宝贝"；即便自己已经累得倒头就能睡着了，还要努力让自己情绪高涨地给孩子讲故事、陪孩子做游戏。长此以往，在还没有成为最好的妈妈之前，就已经成了最累的妈妈了，随之而来的，就是情绪的爆发，只要孩子没有按照自己的意图去做，就是"不懂事"的表现，抱怨甚至指责孩子不理解自己。问题是，你给孩子理解你的机会了吗？不要期望我们压抑着自己，刻意去"讨好"孩子，就能培养出一个懂得感恩、懂得回报的孩子，恰恰相反，这样只会培养出一个自私、不懂得理解他人的孩子。

爱的方式，不仅仅是妈妈给孩子的爱，还包括让孩子懂得如何爱自己，而这份爱的前提就是，孩子能够理解父母，这种理解的能力，又被称之为"同理心"。一个具有同理心的孩子，能够尊重自己的需求，同时也能敏锐地感受到别人的需求。在理解了别人的需求后，他们能够自觉地控制自己的需求和天生的贪婪，从而照顾别人的需求。这种理解会渗透到他与亲人、朋友，以及今后的爱人的关系中，甚至是宠物或是其他需要同情的对象中。我们不要指望随着孩子年龄的增长，他们就会渐渐懂得如何理解父母，孩子的理解，需要我们给他们打开一条"理解的通道"。

有一段时间，因为公司总是加班，我每天回家都很晚，又累又困自

然不必说，要命的是，回到家后还不能马上休息，还得抽出一些时间陪儿子玩，以此弥补自己一整天都没有陪在他身边的缺憾。有一天，再次加班到很晚回家后，儿子还在看电视，我心里便莫名腾起一股火。

"给妈妈倒点水来。"我没有像往常一样，一进门就收起所有的疲惫，笑着去拥抱儿子，而是整个人瘫在沙发上，有气无力地命令儿子。

……

等待我的，却是无声的回答，当然，也没有水。

"给妈妈倒杯水！"我的声音骤然提高了八度，整个人也从沙发上坐了起来，就像是一头准备进攻猎物的狮子一般。

儿子显然被我吓了一跳，有些不满："我正看电视呢，你自己倒吧。"

儿子的话让原本情绪就不佳的我瞬间火冒三丈，我拿起茶几上的遥控器，用力按了关机键，然后指着儿子呵斥道："我让你给妈妈倒杯水，你为什么不倒？你怎么这么不懂事呢？"

儿子没有料到他一句话带来这样的后果，望着我，撇了撇嘴，"哇"的一声哭了起来。看着儿子哭，我的心里更想哭，委屈就像是洪水般，快要将我淹没了。为什么我每天那么累，还要伺候他吃穿喝，而他就不能反过来照顾我呢？难道养孩子都要这样吗？什么时候才是头呢？

这时，先生从书房里走了出来，在我的肩膀上拍了拍，以示安慰。然后他抱起了儿子，走进了卧室，两个人不知道在卧室里嘀咕着什么。过了一会儿，卧室的门开了，儿子的脸上还挂着泪痕，但却不再哭泣了。之后他走到餐桌前，倒了一杯水后，拿到了我面前，低着头说：

"妈妈，对不起，我不知道你下了班很累，所以拒绝了你。"

儿子的话点醒了我，是呀，我从来没有跟孩子说过自己很累，又凭什么要求孩子能够理解我呢？这件事情错的不是儿子，而是我呀。我接过儿子手中的水杯，将里面的水一饮而尽，然后看着儿子说："这件事情，妈妈也有错，妈妈应该先告诉你，妈妈很累，然后再请你帮我倒杯水。如果是这样，你一定不会拒绝妈妈的，对吗？"

儿子重重地点了点头。

有时候，并不是孩子真的不懂事，而是他们根本没有理解父母，这时候对孩子劈头盖脸的责骂只会让孩子感到委屈、难过和彷徨，并不能解决实际的问题。同样，在孩子不听话的时候也是如此。因此，我们要将自己内心的想法讲给孩子听，孩子才会学会理解父母。

愤怒容易错怪孩子

在你愤怒的时候，不管孩子做了什么，千万不要将怒火都发泄在孩子的身上，要先让自己冷静下来，问一问孩子，可能事情并不如我们想象般糟糕。但如果你没有控制自己的情绪，将孩子的过错作为自己情绪的发泄口，很可能你接下来要面对的，就是无休无止的内疚。

在每个人的人生中，都有那么一段十分晦暗的日子，我也不例外。儿子刚上小学那年，我的父亲因为车祸住进了医院，母亲因为着急也跟着进了医院，而我先生当时正处于事业的关键期，人在外地出差，小叔的孩子刚刚出生，公公婆婆都在全身心地照料刚刚出生的小家伙，我一个人要带孩子，还要到医院照顾住院的爸爸妈妈，几乎每天都处在崩溃的边缘，恨不得自己能够长出三头六臂来。那时候每天所期待的事情，就是希望正处在"七岁八岁狗都嫌"的时期的儿子不要给我惹事，能够照顾好他自己。

然而，儿子偏偏就在这个节骨眼上犯了"错"。那天原本干得好好的护工，突然提出辞职，因为有另一家出了更高的价钱，我气急败坏地不顾个人形象在医院里大吵大闹时，接到了儿子班主任打来的电话，说儿子下午竟然没有去学校！而且，也迟迟没有交纳班费。我当时的第一反应是独自去学校的儿子被人贩子拐跑了，于是也顾不上跟医院理论，简单地跟护士交代了几句，就立刻来到了学校。

然而，儿子依旧没有去上学。我只好又返回家中，却看到儿子坐在电脑桌前，眼睛盯着屏幕，就连我进来都没有发觉。看到儿子没有丢，我松了一口气，但随即我想到自己每天这么疲惫地穿梭在医院、学校和家三点之间，想到自己为了照顾他，不能时时刻刻陪在住院的父母身边，想到自己即便每天累得坐着都能睡着，还依旧不忘给他准备好可口的饭菜和干净的衣物，而他却用逃学来"回报"我时，委屈、愤怒就犹如潮水一般迅速将我吞没。

我三步并作两步地冲到电脑桌前，夺过儿子手中的鼠标，重重地摔在了地上，然后将儿子从椅子上拎了起来，用力向一边甩去。儿子对我的"突然袭击"完全没有防备，被我重重地扔在了地上，头磕到了书架上，发出很大的撞击声。而当时的我因为愤怒却丝毫没有感到心疼。我恶狠狠地怒视着儿子，问："你今天下午为什么没有去上学？"

儿子边哭边回答："在家上网。"

"我给你的班费呢？你为什么没有交给老师？"我又问。

"花了。"

我气得浑身颤抖起来，用手指着儿子，让他"滚"，说我再也不想看到他。儿子默默地爬起来，用手抹着眼泪走出了书房。当听到大门被关上的声音时，我整个人虚脱般跌坐在地上，眼泪就像关不住的水龙头般流了出来。也不知道自己哭了多久，我竟靠着床边睡着了。等我醒来时，天已经黑了，屋子里漆黑一片，只有电脑的屏幕还发出微弱的光。我撑起身子，僵硬地走到电脑桌前，准备关掉电脑的那一刻，我看到屏幕上显示着生日蛋糕的做法，这就是刚才儿子浏览的网页。难道他逃学就是为了学做生日蛋糕？一个大大的问号在我头脑中回旋，忽然，我像被闪电击中了般，是我的生日！儿子学习做生日蛋糕是因为我。

我错怪了孩子，可当我打开孩子的房门准备向他道歉时，才发现儿子已经被我赶出家门了。这么晚了，孩子还没有回来，万一遭遇什么不测……我不敢想下去，连忙出门寻找儿子。就在我换鞋的时候，我看到鞋柜上放着一个崭新的皮包，一看就十分廉价，而且也不是我喜欢的风格。我百思不得其解地将皮包打开，里面掉出一张纸条："妈妈，这段时间你辛苦了。祝你生日快乐！"看着儿子稚嫩的字体，我再也控制不住自己的眼泪，鞋子也来不及换，就冲了出去。

还没走出小区，就听见有两个走过来的人在议论："也不知道是谁家的孩子，天都这么冷了，睡在长椅上，这不得冻感冒呀！"她们说的就是我的儿子，我在小花园的长椅上找到儿子的时候，他已经睡着了，脸上还挂着泪珠。想必他已经很累了，我摸着他的头，他都没有醒。当我摸到儿子后脑勺上鼓起的包时，心疼地哭出了声音。儿子被我的哭声惊醒了，看着眼前哭得一把鼻涕一把泪的我，儿子的第一反应竟然是替我擦眼泪。

"对不起，宝贝，妈妈错怪了你……"我哽咽地说，然后拿起他的小手，向自己的身上边打边说，"妈妈不好，你打妈妈吧！"

但是儿子却死死地控制着自己的力气，说什么也不肯打我一下，嘴里反复说着："妈妈，我不怪你，你别不要我。"

那天晚上，我破例抱着早已经分房睡的儿子进入了梦乡，一晚上都没有撒手。除了这样，我不知道怎样能够减轻自己心中的自责和内疚。

所有的孩子天性都是纯洁美好的，即便他们犯了错误，也多半是事出有因，而不是本性的问题。作为孩子最信赖的人，父母施加在孩子身上的委屈，会让他们无从选择和宣泄，从而积压在心中，自我消化。对于没有任何生活经验的孩子而言，这时候非常容易走进心理的死胡同。我很庆幸，自己当初在关电脑时，及时发现了儿子的初衷，并且做出了补救。如果任由孩子的委屈存在下去，恐怕今天的我就是一个问题少年的母亲。

所以，在这里我请所有的妈妈千万不要在自己愤怒的时候，轻易对孩子的行为下结论，一定要给孩子一次解释的机会。或许你会发现，哪怕是多看一眼，多问一句，喜悦都能让你从绝望或是愤怒中解脱出来。